JN335254

世界、
この魅力ある
街・人・自然

AKIYAMA Shuichi 秋山　秀一（文・写真）

World

八千代出版

まえがき

旅は、感動、発見、そして、創造。旅をしながら写真を撮り、そのときの感動を大切に、そのままに記録する。いつもそう思って、旅に出る。今まだ、旅の途中である。

旅をして、歩いて、人に会って、食べて、飲んで，絵を観て、ミュージカルを観て……。こんなに楽しいことはない。

初めて海外へ旅に出たのは、1975年の夏のことだった。羽田からハワイに飛んで、シアトル経由でヴァンクーヴァーに向かった。それから40年、ずっと旅を続けている。

ありがたいことである。

『マネジメントスクエア』（ちばぎん総合研究所発行）の2011年4月号に「旅の達人が見た　世界観光事情」のテーマで、スペインのマドリードについて執筆し、それ以後、世界各地の観光事情について書いてきた。

企業の経営に携わる人などが、これを読んで、何か元気になるヒントのようなものを得ることができれば、いいな〜、という気持ちで、毎回書いてきた。

世界には、観光がその国の経済の中心、という国もある。また、観光が経済活動のかなりの部分を占めている国もある。

観光立国を目指し、「観光振興国　ＮＩＰＰＯＮ」をキャッチフレーズにしている日本にとって、観光の果たす役割は大きい。海外からの観光客の入込客数も、このところ急激に増えてきた。「観光立国日本」も、いよいよ本番を迎えたようだ。そんな中、より多くの人に「世界の観光事情」を知っていただくことは重要なことである。そのことに、この本が少しでも貢献することができるようであれば、こんなに嬉しいことはない。

この本には、『マネジメントスクエア』に掲載された中から選ばれた28編の旅の話が、韓国の済州島を出発点に、西回りに地球を一周するように並んでいる。

この本ができるに当たって、八千代出版代表取締役の森口恵美子さん、編集部の井上貴文さんには大変にお世話になった。心から感謝する次第である。

２０１６年2月

秋山　秀一

目次

新しい要素を取り入れ、発展的に変貌し続ける

済州島（韓国）

韓国きってのリゾート地

済州島《チェジュ》は、韓国最南端に位置するこの国最大の島である。面積は１８４５㎢。島の南を暖流の対馬《つしま》海流が流れ、気候は穏やかで、冬でも暖かい。冬の寒さの厳しい大陸続きの朝鮮半島で暮らす人にとって、済州島のイメージは「１年中暖かい南の島」だ。今までに会った韓国人に済州島の話をすると、「行ってみたいですね」と言う人が何人もいたが、それもうなずける。

済州島にはこの島独特の文化、それに自然がある。海の幸や黒豚などの食も魅力だ。ソウルオリンピックが開催された１９８８年に韓国で海外旅行が自由化されるまで、新婚旅行先としてもっとも人気があったのもこの島である。自由化以後、観光目的で海外へ出かける人は爆発的に増えたが、済州島人気が衰えることはなかった。

ソウルとは空路で約50分、釜山《プサン》とは約40分と、１時間以内で結ばれており、釜山や木浦《モッポ》からの船の

便もある。日本からも成田、関西、福岡、中部の空港と直行便で結ばれている。

島の北側に位置する済州市がこの島の中心地。21階建てのKALホテルがこの島でもっとも高い建物で、街を歩くときの目印にもなる。ホテルの北側一帯が街の中心となっていて、済州市民の台所、東門《トンムン》市場もある。

温暖な気候の済州島南部は、韓国唯一のミカンの生産地だ。市場には、温州《うんしゅう》ミカン、デコポン、バナナなどの果物のほか、キムチや近海でとれるさまざまな海の幸が並び、観光客にも人気スポットとなっている。新しいショッピングセンターやコンビニなどができ、買い物の動向も変化してきて、市場の活気は以前ほどではなくなったと言われるようになったが、まだまだ市場の存在感には大きいものがある。

観光政策も積極的だ。

「済州島には観光大学があって、一番人気があります。私の娘も観光大学に行っています。日本語も学べます」

と、現地のガイドが言うように、人口55万人のこの島に観光大学があるのだ。済州島のもっとも重要な産業は観光なのである。

島の南部にある中文《チュンムン》観光リゾートを中心に、国際的なリゾート開発も進められてきた。ゴルフ場やカジノも多い。規制緩和により、以前は見られなかったしゃれたペンションが海岸沿いに建つよう

観徳亭とトルハルバン

になった。島を1周する道路には自転車専用レーンがあり、ペンションなどに泊まりながら、自転車で数日かけて島をぐるりと1周——そんな新しいツアーも登場してきた。

シンボリックな火山と石

旧市街のど真ん中、観徳亭《クァンドグジョン》のすぐ前のホテルが、いわばわが定宿。東門ロータリーにも近く、地下街、郵便局もすぐそばにある。ロータリーを左折して北へ1kmほど行くと海に出る。東門市場へも歩いて行け、済州島観光の拠点として最高に便利なのだ。

観徳亭は1448年に建てられたこの島に現存する最古の建物。ここにも、団子鼻で固く結んだ口に、ギョロッとした大きな目玉をした溶岩でできた石像、トルハルバンが対になって立っている。

済州島は火山の島であり、石の島だ。島の中央部にそ

龍頭岩

びえる標高1950mの漢拏《ハルラ》山は国内最高峰。済州島をぐるりと回ってみると、現在では噴煙を上げるような活動はしていないが、この島が火山の噴火によってできたものであることがわかる。

市の中心部から海岸に沿って西へ行くと、龍頭岩《ヨンドゥアム》と呼ばれる岩がある。岩の塊が海に突き出ていて、まるで龍が海中から頭をもたげているかのように見えることからこの名が付けられた。人気の観光スポットであるこの岩もすべて、火山の噴火によって地上に出てきた溶岩なのだ。

島のあちこちですり鉢を逆さにしたような形の小山を見かけるが、これらはすべてオルムと呼ばれる寄生火山である。

世界最大の溶岩洞窟《どうくつ》、万丈窟《マンジャングル》を歩き、島の東端にそびえる城山日出峰《ソンサンイルチュルボン》にも登った。これらに漢拏山を加えた3つは、「済州の火山島と溶岩洞窟群」として、2007年に世界自然遺産に登録された。済州島の自然・文化を理解しようとするなら、済州道民俗自然史博物館、国立済州博物館に行くことを勧めたい。

石垣のある路地

新たな魅力を生む力

この島に多いものが３つある、ということで「三多の島」ともいわれる。それは、石と風と女、なのだそうだ。

火山の島・済州島には、当然、石は多い。風も強い。今ではその風を利用して風力発電も行われている。また、かつては海女《あま》が多く、農作業をする女性の姿も多く見られたとのことで、働き者の女性が多かった。現地ガイドなど、観光分野の担い手として、今もこの島での女性の力には大きいものがある。

近年は映画やテレビドラマの撮影が積極的に行われており、その舞台として話題を集めている。これを目的に、韓国国内のみならず、日本からもおおぜいの観光客がこの島を訪れる。ロケ地という要素もまた、観光への効果大である。

観光大学を擁し、地元でしっかりとした観光教育を行い、人材を育成する。エコツーリズムやフィルムツーリズムといった新しい形を積極的に取り入れる。観光の島・済州島は、時代とともに、発展的に変貌し続けている。

自然が魅力、香港の新しい楽しみ方

香港

第一の魅力は自然

高層ビル群と道路に張り出した大きな広告看板。入り組んだ狭い路地。中華料理、ショッピング、エステ、それにビクトリアピークから眺める夜景。ざっとこんなところが、香港についての一般的なイメージだろう。実際、食事を楽しみ、夜景を見て、高級ブランドショップや露店での買い物を楽しむ、そんな目的で香港に行く日本人が多かった。しかし、ぼくの香港の楽しみ方はちょっと違う。自然を楽しむことが第一の目的なのである。

「えっ、香港で自然を楽しむ？　そんなことができるのですか？」

と、驚く人も多いが、できるんだな、これが。

何度も行きたくなるような、そんな魅力たっぷりの自然が、香港にはいろいろとあるのだ。20回ほど出かけているが、その半分以上は〝自然〟が目的。「香港観光の第一の魅力は、その自然にある」。

そう断言してもいいくらいである。

初めてサイクン半島を歩いたとき、気持ちのいい汗をかき、感動した。それまで知らなかった香港の姿が、そこにあったのだ。新鮮な驚きだった。変化に富んだリアス式海岸、切り立った崖、洞窟、岬、入江、砂浜、きれいな海。香港で、こんなにも美しい風景を眺めながら、大自然の中を歩くことができようとは。

香港最大の島・ランタオ島も歩いた。古い漁村の残るペンチャウ島も歩いた。そして、ラマ島を歩いて、香港の島々の魅力に、完全に虜《とりこ》になってしまった。

ラマ島での贅沢な時間

香港島・セントラルのスターフェリー乗り場の西側に、周辺の島々へ向かうフェリー乗り場がある。ここからラマ島へ向かうフェリーに乗る。乗船したら、冷房の効いた客室から、外の後部デッキに出る。潮風を肌で感じ、移り変わる風景を楽しむのだ。

ビクトリア湾に浮かぶ林立する高層ビル群。行き交うさまざまな船、マカオへ向かう高速フェリー、漁船、コンテナ船……。

フェリーははじめ西へ向かい、その後、香港島に沿うように左折して、南へ進む。30分ほどで、ラマ島北部のユンシューー湾に到着する。フェリーを降り、案内板に描かれたラマ島の地図を見てから、

西洋人にも人気、ラマ島のフンシエビーチ

歩き始める。

この島には、物資の輸送に使われるエンジン付きの小さなカートのほかには、車が1台もない。誰もが歩いて暮らしているのだ。大きな通りは1本のみで、道はわかりやすい。港のそばには、ちょっとした商店とローカルレストランが立ち並び、20香港ドルで麺類が食べられる。

昼時、家の中から麻雀《マージャン》パイをかき回す音が聞こえてくる。家並みが途切れると、そこにあるのは小さな畑のある暮らし。点在する3階建ての石づくりの家は、西洋人に人気の、長期滞在者向けの宿屋だ。その先に、白い砂浜のフンシエビーチがあり、無料で利用できる脱衣場とシャワーを完備している。

ビーチでゆったりした後は、岬や入江のある海岸線を眺めながら、よく整備された上り坂の道を歩いていく。

目の前に展開するのは、花崗岩《かこうがん》でできた尾根だ。自然の雄大な風景が広がる。鳥のさえずり、気持ちのいい風。草や花が、風に揺れる。

上り切ったところに展望台がある。ベンチに腰を下ろし、水分を補う。何という贅沢な時間だろう。初めてこの場所にやってきた人は皆、「香港でこんな気分を味わうなんて」と驚く。

展望台での満たされたときを過ごした後、しばらくは平坦《へいたん》な道を歩いていく。峠を越えると、島の反対側にあるソックー湾が見えてくる。湾内には養殖筏《いかだ》が浮かんでいる。ここから道は林の中へ。亜熱帯の植物に覆われた道を下っていく。

ソックー湾の海沿いには海鮮料理を出すレストランがズラリと並んでいる。ラマ島の自然の中を歩いた後の食事は、うまい。潮風を感じながら新鮮な海の幸を味わったら、フェリーに乗ってセントラルに戻る。

ラマ島の自然の中の整備された道を歩く

変化を続ける香港

そこで出迎えてくれるのが、香港の夜景だ。ビクトリアピークからの夜景もいいが、ビクトリア湾の夜景を見るために、特に午後8時から始まる光のイルミネーションを見るため

香港島　ビクトリアピークから見る香港の夜景

に、多くの観光客が九龍《クーロン》側のウォーターフロントに集まってくる。

１９９７年、香港返還により香港特別行政区が成立して、２０１２年で15年。２００５年にはディズニーランドも開業した。珠江《しゅこう》デルタに位置し、面積約１１００㎢、人口約７００万人の香港は、今やロンドンやニューヨークと並ぶほどの世界の金融センターとして高い評価を受けている。そして観光産業が経済的に大きな位置を占め、世界中から観光客が訪れている。

その活気ある街の雑踏の中を歩き、街が変わっていくようすをこの目で見てきた。同時に、魅力あふれる大自然の中も歩いてきた。何度訪ねても、飽きることはない。

水墨画の中を往くような山紫水明の川旅

桂林（中国）

街外れの碼頭から乗船

中国広西《こうせい》チワン族自治区北東部の都市・桂林《けいりん》。中国の水墨画にもしばしば描かれ、ウーロン茶のテレビコマーシャルにも登場したあの山水画の世界を実際に見てみたい。そんな強い思いを胸に、桂林へ出かけた。

漓江《りこう》沿いに林立する、さまざまな形をした石灰岩の奇峰群。長い年月を経て自然に形成された、桂林の山紫《さんし》水明《すいめい》が広がるあの絶景を眺めながら、船に揺られて、ゆっくりと川を下った。漓江下りの遊覧船からは、思っていたとおりの、すばらしい風景を見ることができた。桂林は期待を裏切らなかったのだ。

水田のバックには、カルスト地形特有のさまざまな形をした石灰岩の岩山が連なっている。煉瓦《れんが》づくりの農家、水田、畑……。種を蒔《ま》く人の姿があり、あぜ道を歩く人がいる。

そんな農村風景の中を貫通する自動車専用道路に車は少なく、おおぜいの観光客を乗せたバスが、漓江に向かって突っ走っていく。

遊覧船の乗り場は、桂林の街から南へ約25㎞、竹江碼頭《ちくこうまとう》（波止場）にある。船内でもらったパンフレットに、主な見どころを示した番号が書いてある。8番から12番までが人気の観光スポットで、なかでも11番がハイライト。ウーロン茶のテレビコマーシャルに出ていた桂林の山水画のような風景は、この辺りで撮影したものである。

デッキがお勧め

期待が高まる。9時2分、汽笛が鳴って、いよいよ漓江下りの出発だ。竹江から陽朔《ようさく》まで63㎞、約4時間の船の旅である。パンフレット上の地図番号4番。ここが出発地点の竹江だ。

船が動き出すと、早速、女性の客室乗務員が写真集を売りに来た。A4判、横開きの107ページ、全部がカラー写真だ。周辺の地図も載っていて、値段は150元。絵はがきも売っており、10枚セットで30元。よほど高価でなければ、しかも重くない限り、こういうときは購入することにしている。それを現地で活用して旅を楽しむ。これが、ぼくの旅の流儀である。

船内のテーブル席は1階と2階にあり、ここで食事がとれる。とはいえ、桂林の風景をじっくり見て、楽しむためにこの船に乗ったのだ。船室から出て、アッパーデッキの3階に上る。

桂林（中国）

桂林の風景

前後左右すべて、見晴らしよし。風も、いい感じだ。なんとも言えぬいい気分である。中国の大地を体全体で感じながら、船は進んでいく。

9時36分、右岸に滝が現れた。

漓江下りは中国の中でも人気の観光スポットだけに、遊覧船の数も多く、何艘《そう》も続いている。船は南へ向かって、ゆっくりと進んでいく。進行方向前方はもやもやっとした天気。写真を撮るのに、逆光になりそうだと気になっていたのだが、この風景の雄大さの中ではたいした問題ではなかった。写真などで見慣れた桂林の風景が、３６０度、そこには広がっていたのである。

9時45分、左岸の上のほうに、王冠のような形をした冠岩《かんがん》、その下の岸壁にぽっかり開いた穴は、鍾乳洞《しょうにゅうどう》の入り口だ。さらに10分ほどすると、アザラシのような形をした岩山が現れる。

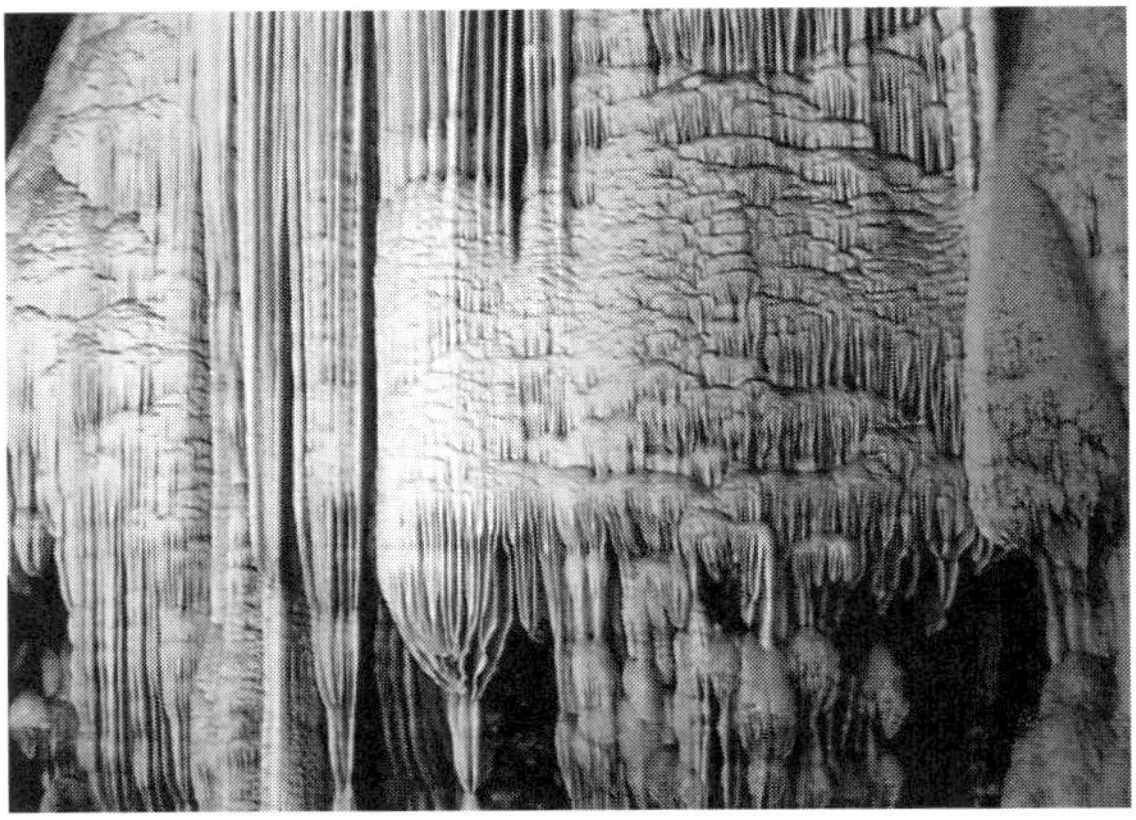

鍾乳洞

何本かの竹を結び付けてつくった船が、ゆっくりと川を横切っていく。陸地には畑が広がり、農家が見え、水牛もいる。この雄大な大自然の中に、のんびりとした村の暮らしが共存している。

天気はどんよりとしてきて、正面から来る風はひんやりとし、ときに小雨が混じる。

漓江はゆるやかに蛇行し、観音様やタケノコのような形、羊の角のような形をした岩山が続く。船のデッキから眺めるこの雄大な自然の景観を、さまざまな想像を巡らせながら楽しむ。正面に見えてきた岩山の形は、富士山とリンゴだ。

女性客室乗務員が、「岸壁に9頭の馬がいます」と言う、絵のような白っぽい斑点《はんてん》のある岸壁が見えてくる。ここはパンフレットの10番に当たる場所だ。

水墨画のような風景を眺めながら、漓江遊覧を楽しむ

幽玄の中に身を置く

この後が、いよいよ漓江下りのハイライト、ウーロン茶のコマーシャルにも登場したところ。20元札に描かれている風景がここだ。

石灰岩の奇峰群が漓江の水面に影を落とす、雲霧に覆われた幽玄な世界。その中を、船のデッキに立ち、風を体全体で感じながら、ただじっとしていた。ここまでくると、もう、ことばもない。

これぞ、桂林。

満たされた気持ちになったところで、タイミングよく、昼食タイムとなる。

船室に戻り、ビールを注文。「桂林にカンパイ」と飲んだビールは、もちろん桂林ビールだ。スープ、豆腐料理、チキン、バナナの定食を食べ、再びデッキへ。船室に引っ込んでいるなんて、もったいないというもの。

12時40分、陽朔着。このスケールの大きな船旅を堪能した後は、陽朔を散策する。山水園を歩き、西街の露店をのぞくと、船内で買ったものとまったく同じ写真集が、ここでは100元で売っていた。その差額50元は、船内で活用したことで元はとれていると信じている。

「海の桂林」とも称されるベトナム随一の景勝地

ハロン湾（ベトナム）

10年来、気になっていた鍾乳洞へ

「ベトナムのハロン湾にある鍾乳洞は、秋山さんのブログに写真が載っている桂林の鍾乳洞と同じように、ライトアップされているのでしょうか」

10年ほど前に、こんな電話を、世界遺産の番組に関係してNHKのUさんからいただいた。残念ながらそのときはまだハロン湾には行ってなかったので、「ベトナムには何度か出かけているのですが、ハロン湾にはまだ……」と、答えた。

そんなことがあって以来、ハロン湾のことが気になっていた。ハロン湾に行き、鍾乳洞の中がどうなっているのか実際に見てみたい。その思いがかなったのは、２０１４年11月末、ハロン湾が世界自然遺産に登録されてから20年目の年のことである。

ベトナム北東部の石灰岩地帯に位置するハロン湾は、年間２００万人の観光客が訪れる、ベトナム随一の景勝地である。同じように石灰岩地帯にある中国の桂林に風景が似ていることから、「海の桂林」とも称されている。

ベトナムの首都・ハノイからバスに乗ってハロン湾に向かうと、途中左手に、道路に並行して線路が続いていることに気づく。しかし、ここを列車が走るのは1日に2便のみ。ハノイからハロン湾までバスでなら3時間のところ、列車に乗ると4時間半もかかるということを、現地のガイドから聞いたことがある。この鉄道は現在、貨物輸送を主目的に運行されているのだ。せっかくの線路、観光の面から何らかの活用方法があるに違いない、と思うのだが。

新鮮な海の幸を供する観光船

天気について現地のガイドに尋ねると、「来月から湿度が高くなって、ハロン湾はほとんど見えなくなります」と言う。自然目当ての観光では、特に天気の情報をチェックすることも重要なのである。

ハノイからハロン湾へ向かう途中、稲の二期作、野菜や果物栽培、エビの養殖池などといったベトナムの農村風景が広がる車窓見学を楽しむ。ハロン湾が近づいてくると、道端に、仏像や女性像、動物像など、さまざまな大理石の彫刻が並ぶ店が現れる。大理石は、結晶質石灰岩。ここで採掘される石材によってつくられるこれらの彫刻は、付加価値の高い重要な観光資源となっている。

11時15分、ハロン湾に着く。船着き場から、待つことなく観光船に乗り込む。11時25分には船が動

鍾乳洞のある湾に、観光船が並ぶ

き出し、ゆっくりと湾内を遊覧しながら、船内で昼食となる。

昼食が始まると、観光船に漁船が横付けされ、漁師が乗り込んでくる。セットメニューのほかに、新鮮な海の幸の販売だ。船内で売られるハマグリ、シャコは1皿10万ドン（5ドル）。購入すると、そのまますぐに船内で料理してくれる、というシステムになっている。

ビールはハノイビール。値段はハノイの路地にあるローカルレストランの3倍、6万ドン。米ドル換算で3ドルだ。食後のコーヒーも別料金で、2万ドン（1ドル）。その後、船内で、みやげ物の販売が始まるが、食事が済むとすぐにデッキに出て、風を感じながら、ハロン湾遊覧を楽しむことにした。

海上に林立する、石灰岩の岩山の数々。雲に覆われ、どんよりとした天気の中のこの風景を、ゆっくりと遊覧する船から眺める。「いいなー」と思う。これが、

ハロン湾にはさまざまな形の岩が……

世界自然遺産、ハロン湾の風景なのだ。

充実した気分を味わいながらカメラを取り出し、じっくり観察しながら撮影する。岩の形が、イヌやゾウなど動物の形に似ているもの、2羽のニワトリが向き合うように並ぶものがある。船の位置によって、人の横顔に見えるものもある。

宿泊・滞在施設の建設が続く

船に乗ってちょうど1時間半、12時55分に鍾乳洞のある島に着く。船を降り、ティエンクン鍾乳洞へ。入場券に描かれているのは、先ほどの2羽のニワトリのような形の闘鶏島。ハロン湾の世界遺産登録マークにも、この島が描かれている。

砂浜にマングローブの若木のある木道を歩き、崖にある階段を上り、いよいよ鍾乳洞の中に入る。

ライトアップされた鍾乳石や石筍《せきじゅん》を眺めながら、順路に従って歩く。赤、青、紫と、カラフルな光が当てられているが、桂林の鍾乳洞のほうがもっと派手だった。こちらのほうはやや控えめ。ソフトで落ち着いた感じがする。しかし幻想的だ。ここにも、ワニ、ライオンなど動物に似た形のものがある。人体の一部に似たものもある。

鍾乳洞の規模はあまり大きくはなく、見学時間は20分ほど。鍾乳洞の外へ出ると、みやげ物屋が数軒並ぶ道を歩き、13時30分に船に乗る。すぐに動き出す。帰りは早い。船着き場に近づくと、堤防の上で新婚カップルが記念写真を撮っていた。建築中のホテルも見える。

今、東南アジア諸国の中でも特に経済成長が続くベトナムが、観光の面でも、高い関心を集めつつある。ハロン湾の周辺では、ホテルのほか、コンドミニアムなど高級分譲マンションの建設も盛んに行われており、海外資本によるものが少なくない。リゾート地に変貌しつつあるハロン湾。このベトナムきっての景勝地に注目しておきたい。

ライトアップされた鍾乳洞の中を歩く

豊かな資源を持つ東南アジアの小さな国

ブルネイ・ダルサラーム国

最大の貿易相手国は日本

「ボルネオの北のほう、東マレーシアのサラワク州の辺りにあって、豊かな国で、石油と天然ガスがとれて……」

ブルネイ・ダルサラーム国――、一般にはブルネイと呼ばれるこの国について、このくらいの知識があればマシなほうだろう。多くの日本人にとって、あまりなじみのある国とは言えない。しかし、この国の最大の貿易相手国は日本。例えば、ブルネイが輸出する天然ガスの90％は日本向けなのだ。

イスラム教を国教とする立憲君主制で、首都はバンダルスリブガワン。カリマンタン（ボルネオ）島の北西海岸に位置し、面積は５７６５㎢で、三重県とほぼ同じ、千葉県を1割ほど大きくした広さだ。人口約42万人のうち、ほぼ3分の2をマレー人が占めている。19世紀末にイギリスの保護領となり、その後自治領となって、１９８４年に独立した。

実際に歩いてみると、街は整然としている。他のアジアの国々でごくふつうに見られるような雑踏、混沌《こんとん》としたにぎわいといったものが、この国では見られないことに気づく。通貨はブルネイドル。レートはシンガポールドルと同じで、ブルネイ国内ではシンガポールドルがそのまま使える。

ブルネイでの宿は、バスターミナルのすぐそばにあり、オープンマーケットのあるキアンゲ川にも近く、街歩きにも便利なダウンタウンの中心にある、1958年開業の、もっとも歴史のあるブルネイホテル。銀行、郵便局、ショッピングセンターなども近くに集中している。このショッピングセンターは「ヤヤサン・コンプレックス」といい、伝統的なマレー風建築物の外観をしている。ブランドショップから家具、本屋、スーパーマーケット、フードコートなどがあり、何でもそろう。

〝水〟のあるエキゾチックな眺め

街の中心部を出ると、外を歩いている人を見かけるのが珍しくなる。自転車やバイクの数も少ない。この国では、移動は自動車がふつうのこと。水上生活者の住むカンポン・アイールに面したブルネイ川の岸辺にズラッと駐車されている。水上家屋に暮らす人々は、水上の移動はボートで、陸に上がったら後は自動車で、という生活だ。

ほかの国では水上生活というと、「豊かな暮らしぶりは連想できない」が、この国の場合は事情が違って、「住人の70％は国家公務員で、生活も安定している。涼しいこともあって、住みたくて住ん

水上の街、カンポン・アイール

でいる」のだ。

建物への上がり口は階段になっていて、干満の関係で水面の高さが変化しても対応できる。それぞれの建物は木道で結ばれ、1軒1軒の民家は奥行きが長く、内部はかなり広い。マングローブの杭《くい》の上につくられた水上の集落には、なんと学校や警察もある。

夜。街の中心に建つオマール・アリ・サイフディン・モスクがライトアップされ、その姿が池の水面に映る。ダウンタウンから西にちょっと離れたところに、1994年にできた新モスク、ジャミヤシル・ハサニル・ボルキア・モスクがある。

夜の楽しみ、お勧めは、やはり同じ94年に郊外のジュルドンにつくられた広大な遊園地、ジュルドン・パーク・プレイグラウンド。ふだんは夜の12時まで、木曜日と土曜日は午前2時まで開いている。特に、ライトアップされた噴水が音楽に合わせて踊る、9時から30分間行

ライトアップされたオマール・アリ・サイフディン・モスク

われる〝噴水ショー〟はみごとだ。

〝アルコール〟の扱いに観光政策の一端を見る

「ブルネイではどこにもアルコール類が売られていない」

日本を発つ前にそう聞いていたので、ブルネイで酒を飲むことは当初からあきらめていた。レストランで最初の食事をしたとき、メニューにアルコール類が載っていないのがわかっていたのに、つい「ビール」と言ってしまい、「ありません」と言われてしまった。この国には酒を売る店や酒を飲ませるレストランやバーは1軒もないのだ。

では、ブルネイではいっさいのアルコールの類を飲むことができないのか、と言うと必ずしもそうでもなかったのだ。

入国審査の後に税関申告をするが、そのとき、「申告するものはありますか？」と聞かれた後、「お酒はありますか？」と重ねて聞かれた。後になってわかったことだが、実はこれは、持ち込み禁止という意味ではなく、酒を持ち込む場合、入国す

ジュルドン・パーク・プレイグラウンドの踊る噴水

るときに申告しなくてはならないということだったのだ。イスラム教徒ではない者に限って、缶ビールは12本、ウイスキーなどはボトル2本までは持ち込みが認められているのである。

この国は、豊かな石油・天然ガス資源を背景に、貿易の依存度がきわめて高い。そこで将来を見越して投資が進んでいるのが観光産業だ。その占める役割は、今後ますます高くなっていくはずである。そんなこともあって、観光でこの国を訪れた人が滞在中に飲む分はちゃんと考慮されているのだ。

「あー、残念。前もって知っていたら持ってきたのに……」。

もちろん、公共の場での飲酒は厳禁だ。飲む場所はあくまでもプライベートルームで、がルールである。

評判どおりの〝地上最後の楽園〟

バリ島（インドネシア）

政府肝入りのリゾート地

〝バリ島は地上最後の楽園〟。そんなことがガイドブックなどに書いてあるのを何度か目にしていた。そのせいか、初めてバリ島の玄関口・デンパサール国際空港に着いたとき、「ここが本当に楽園の入り口なの?」と思った。空港周辺の雑然とした雰囲気は、まさに東南アジア特有のそれなのである。これが、バリ島第一印象の正直な気持ちだった。

デンパサール国際空港が1960年代の末に開港したことを機に、バリ島の大規模観光開発は始まった。80年代に入ると、インドネシア政府は外貨獲得のための国家プロジェクトにより、高級リゾート地の大規模な観光開発を推進することになった。その候補地として選ばれたのが、バリ島南部、バドゥン半島の東端に位置するヌサ・ドゥアである。

現在のヌサ・ドゥアは、ガルーダ・インドネシア航空系列のヌサ・ドゥア・ビーチをはじめ、ヒル

ビーチリゾートの入り口に建つ門

トン、シェラトン、グランドハイアットなど世界有数のホテルが林立するビーチリゾートとなっている。そのホテル群の中心部に位置するメリア・バリ・ホテルへ向かった。

目の前に広がるきれいな海、そして、ゆったりとしたリゾートホテル。ここヌサ・ドゥアは、空港周辺とは別世界だった。

グッドタイミングのマッサージ師

ホテルにチェックイン後、部屋に入り、まずはシャワーを浴びた。汗を流し、スッキリしたところで、ビンタンビールを「グイ〜」と1杯。これですっかりバリ気分だ。

さっそく、ビーチを散策することにしよう。

青い空に青い海、白い砂。波打ち際に沿ってゆっくりと歩く。カタマラン（双胴船）が浮かんでいる。いい気持ちだ。

そんなリラックスムードを見計らったかのように、「マッサージ好きですか」と、木陰のほうから声がした。日よけ用の

バリ島の青い海に浮かぶ双胴船

編笠《あみがさ》をかぶった〝マッサージおばさん〟の登場である。思わず、「はい」と、お願いする。

籠《かご》からサラサ（インドネシア特有の綿布）を取り出して、砂浜の上に広げた。その上に、言われるままに上半身裸になって、腹ばいになった。ココナッツオイルが背中に塗られ、両手で力を込めて背骨の両側を押してくる。次に左腕にオイルを塗られ、腕をマッサージされた後、指を1本ずつ引っ張られる。「ポキ、ポキ」と関節の鳴る音がする。左腕の後は左足だ。やはり指を、今度は布で包んで引っ張る。また「ポキ、ポキ」。その後、裏返しになって、胸、腹にオイルが塗られてマッサージ。そして右腕、右足の順で「ポキ、ポキ」。

強烈な太陽の照る青空の下で、まさかの本格的なマッサージだ。今までいろいろなところを旅してきたが、こんなことは初めての体験だ。

1時間ということになっていたが、40分ほどで終わり、

「ビール？」と言いながら、ボックスの蓋を開く。もちろん別料金だが、このタイミングのよさには参った。冷えたビールがうまい。ホテルのスパでは味わうことのできない快感だ。

心の安らぎがホスピタリティーを生む

市場をのぞきながら街を歩いていたら、「こんにちは」と何度も声をかけられる。「安いよ」「見るだけ」といった客引きの声とは明らかに違うもの。目が合うと、何とも言えない笑顔が返ってきて、こちらも思わずニッコリ。

ショッピングセンターに行き、ローカルレストランで、ナシゴレン（焼き飯）やミーゴレン（焼きそば）、それにサティー（串焼き）を食べる。どれも日本人にもなじみやすく、食べやすい、お勧めの味付けだ。

ココヤシの緑の葉、それに、青い空。白い雲が伸びてきて、どんよりとした黒い色になったかと思うと、ザーっと激しいスコール。一時避難して、雨が上がるのを待つ。

「今、バリではヤシの木の高さを超える建物は建てられません」と、現地のガイドが言う。バリ島では、長い間、ヤシの木が一番高いものだった。1日、2日とバリ島観光を楽しむうちに、「バリ島っていいところだな。楽園だな」と思うようになっていった。

村の道を歩いていると、頭に荷物を乗せた女性が自転車の荷台に子どもを乗せて、走っていく。神様へのお供え物を頭に乗せて歩く女性の姿もよく見かける。家々の前に、飾りの付いた長い竹がずらりと立ち並んでいる。ヤシの葉や花などで飾り付けられたこの長い竹の棒はペンジョールといい、家の門の右側に目立つように立てかけられている。このペンジョールを目印に、祖先の霊が戻ってくるのだそうだ。バリ島にも、日本のお盆のように、祖先の霊がこの世に戻ってくる日、というのがあるのだ。

この島で暮らす人々の生活は、バリ・ヒンドゥー教と密接に結び付いている。

朝はバロンの踊り、夜にはケチャックが行われる。バリには踊りがいっぱいある。根底にあるのは人々の宗教観だ。そんな伝統的な踊りを、おおぜいの観光客に交じって楽しんだ。

バリ島の人々には、信仰に基づいた心の安らぎがあるように思える。それが、観光客を迎えるときのホスピタリティーに通じているのだ。「収入の3分の2が観光関連による」というバリ島の経済だが、人々に〝心の安らぎ〟がある限り、〝地上最後の楽園〟は観光客を引き付け続けるだろう。

祭りのために飾り付けられたペンジョール

石造建築物を巡る神秘的な風景

アンコール遺跡群（カンボジア）

朝焼けのアンコール・ワット

カンボジア北西部、東南アジア最大の湖・トンレサップ湖の北に、アンコールの遺跡群が位置する。その観光の基地はシェムリアップで、もっとも近い遺跡がアンコール・ワットだ。

真っ赤に染まる朝焼けをバックにしたその姿を見るために、観光客は、早朝まだ暗いうちからホテルを出発する。途中、建物の上に大きな仏塔がライトアップされていた。スイスの援助でつくられた子ども病院である。その後ろに産婦人科病院もあり、ともに診察は無料だ。

アンコール遺跡群の中で最大の建築物であるアンコール・ワットは敷地面積約２㎢。周囲は東西南北にきちんと整備された幅約１９０ｍ、総延長約５・４㎞の方形の濠《ほり》で囲まれている。

ホテルを出て20分。遺跡の西側にある正面入り口から歩き始める。外はまだ暗く、懐中電灯の明かりをたよりに歩く。濠を渡って、真っ直ぐ東へ。西大門を通って、壁伝いに左へ。ここで、日の出を待つ。

「パチン、パチン」と、ときに、手でたたく音がする。蚊の襲撃だ。半袖半ズボン姿の観光客はたまらない。日の出前は特に蚊が多いのだ。長袖シャツに長ズボン姿で出かけたが、それでも手や顔を刺され、かゆい思いをした。

東の空がうっすらと明るくなってくると、そこに、アンコール・ワットのシルエットが現れてきた。中央の塔と周りの４つの塔、そのバランスが一番よさそうに見える位置に移動する。徐々に空が明るさを増してくる。６時を過ぎた頃から、上空に漂っていた雲に日の光が当たる。

朝焼け。感動の一瞬である。

アンコール・ワットのバックからこぼれるように、飛び出す強烈な光。南のほうが、ほかに比べて明るくなってきたなと思っていると、太陽が顔を出した。

その風景を堪能《たんのう》した後、通路から降りて、原っぱを歩く。聖池の縁に立って、水面に映るアンコール・ワットを眺めた。

この聖池にたくさんの舟を浮かべた映像が、映画『トゥームレイダー』に登場する。この映画は、タ・プロームの遺構でも撮影された。遺構発見時の状態で残されているタ・プロームは、風化作用など自然の猛威により崩壊が進んでいる。石の割れ目から鉄分がにじみ出て石の表面が赤くなっているものや、数十ｍにもなるガジュマルの巨大な気根が石造建築物を覆っているものもある。

タ・プロームの遺構に覆いかぶさるガジュマルの巨大な気根

石に刻まれた物語

ホテルに戻って、朝食。午後、あらためてアンコール・ワット観光へ向かう。

アンコール・ワットは、12世紀のはじめに30年ほどの歳月をかけて完成されたもので、ヒンドゥー教の寺院として建てられた。神はビシュヌ神、その乗り物は神鳥・ガルーダである。参道の両側には、神の蛇・ナーガをかたどった欄干が続く。西参道をまっすぐ東へ歩いていくと、正面に見えるのは、中央の本殿に向かって徐々に高くなった三重の回廊と、5つの塔だ。

そばに寄って、回廊の浮き彫りを見ていく。第一回廊の壁面には・アンコール・ワットを建立したスールヤヴァルマン2世の浮き彫り。東面南側の壁面には亀の上に乗った神を真ん中に、阿修羅《あしゅら》がナーガ（大蛇）で綱引きをするヒンドゥー教に伝わる天地創造神話「乳海攪拌《にゅうかいかくはん》」の浮き彫りがあり、南面東側には「天国と地獄」、南面西側には行進するクメール軍の浮き彫りがある。第二回廊に上り、さまざまな表情、しぐさのデヴァター（女神）の浮き彫りを見てから、最上階の第三回廊に上った。

アンコール・トムへの入り口南大門の手前の橋の欄干も、「乳海攪拌」がモチーフとなっている。アンコール・トムの中心、バイヨンの第一回廊の戦闘場面や庶民の暮らしのようすを描いた浮き彫りを見てから、林立する「四面観世音菩薩《かんぜおんぼさつ》像」を一つひとつそばに寄って見ていった。神秘的ではあるが、よく見ると、何とも言えない優しい表情をしているのが印象的だ。

デヴァター

アンコール・ワットとアンコール・トムのほぼ中間に、60mほどの小高い丘・プノンバケンがある。この丘から日没の風景を見た。これも神秘的で忘れられない。

〝観光〟への投資が進む

1975年まで続いていた内戦が終結し、カンボジアに平和が訪れ、観光目的で空路、シェムリアップにやってくる外国人観光客の数は増加して

遺跡に残された内戦の弾痕

いる。

アンコール・ワットやアンコール・トムなどの石造建築物「アンコール遺跡群」が世界文化遺産に登録されたのは、1992年のことである。内戦による戦禍や自然の浸食などにより荒廃し、崩壊の危機にあったこの遺跡群は、今、国際支援を受け、保存・修復活動が進められている。海外資本によって病院が建設され、ホテルも増え、世界各地から観光客が訪れるようになった。

日本からの投資先としても注目されているカンボジア。この国にとって、観光の果たす役割はきわめて大きなものになっている。

日本との関係が深まるミャンマーの代表的な古都

パガン（ミャンマー）

2000を超す仏塔

ミャンマーの古都パガンは、インドネシアのボロブドール、カンボジアのアンコール・ワットと並んで、「世界の3大仏教遺跡」の1つに挙げられている。パガンに行くと、まず目に入ってくるのは、石を積み上げた仏塔。そう、パガンの見どころは、何といっても、2000を超すという仏塔の数々である。

シュエジーゴンパゴダ、アーナンダ寺院、タビニュ寺院、スラマニ寺院、マヌーハ寺院……。いろいろな寺院や仏塔を見て回ったが、パガンにある仏塔の数からすれば、ほんの一部を見て回ったに過ぎない。

ミャンマーの面積は68万㎢で、日本の約1・8倍。そして、人口は6300万人あまりで、日本の約半分である。軍事政権時代に中国との関係が強かったミャンマーは、2011年の民政移管後、中

林立する仏塔

国一国への依存から、ＡＳＥＡＮ構成国と歩調を合わせるようになり、このところ日本との経済的な関係も強くなってきている。10年のＯＥＣＤ加盟国のミャンマーへの援助実績は、日本が世界第1位で、2位がオーストラリア、その後、イギリス、アメリカと続く（外務省「政府開発援助（ＯＤＡ）国別データブック２０１２」）。

神聖な場所は裸足で

ミャンマーは仏教の国。とはいっても、日本とはちょっと違って、南方仏教。仏像には、巨大な寝釈迦《ねじゃか》仏のほか、金箔《きんぱく》が貼られたものや明るくカラフルなものが多く、顔を見ると、目がギョロリとしていて、日本にあるものとはかなり違った様相を呈している。

パガンに現存する仏塔は、11世紀から13世紀にかけて都だった時代に建立されたが、その後の戦乱や地震による被害もかなり受けた。１９７５年の地震による被害も大きかった。旅の途中、修復作業中の仏塔も見かけたが、足場に乗って作業をする人たちの表情は明るかった。仏像に花を供え、水をかけ、熱心に願いごとをしている人たちの表情は真剣そのもの。また、神聖な寺院や仏塔を訪れるときは、靴を脱いで、裸足《はだし》で歩く。境内《けいだい》だけでなく、参道から裸足にならなくてはならないのだ。そのたびに靴や靴下を脱ぐのはめんどうというもの。だから裸足にサンダル履きがふつうだ。

ぼくも、雨に濡れてすべりやすくなった大理石の上も、強烈な太陽の光に照らされて熱くなった石の上も、裸足にサンダル履きで歩いた。熱くなったでこぼこ道を歩くのはつらかった。しかし、托鉢《たくはつ》僧はサンダルさえ履いてない。どんなに地面が熱くなっても、裸足で、平気な顔をして歩いているのだ。

世界中から観光客を集める夕日

数ある遺跡群の中で、パガンを代表する仏塔といえば、それはシュエジーゴンパゴダだ。エーヤワディー川の岸辺に建つこの仏塔は「金」を意味する「シュエ」の名のごとく、金色で覆

シュエジーゴンパゴダ

アーナンダ寺院への道

われ、つり鐘のように均整のとれた美しい形をしている。

タラバー門は、パガンに残る唯一の城壁跡。その南に位置するタビニュ寺院は、12世紀中期に建立されたもので、高さ61m。パガンでもっとも高い仏塔である。ここには日本人戦没者の慰霊碑がある。このタビニュ寺院の東方に建っているのが、アーナンダ寺院。11世紀に建てられた正方形の本堂の中央に、高さ51mの均整のとれた尖塔《せんとう》がすらりと立ち、青空にくっきり浮かんでいた。アーナンダ寺院から南東方向に2㎞ほど行くと、仏塔のてっぺんの部分が崩れかけたように見える寺院が現れる。スラマニ寺院である。

パガンの西をエーヤワディー川が流れている。雨季には水量が増し、川幅が広がる。そこに夕日が反射する。

シュエサンドーパゴダに上った。テラスに腰を下ろし、日が落ちるのをじっと待つ。ここにあるのは、見わたす限り、広々としたミャンマーの大地。エーヤワディー川の対岸に沈む夕日。みごとな風

大にぎわいの市場

景を満喫した。

この風景を見るために、世界中から観光客が集まってくる。その観光客目当てに集まってくる物売りの子どもたちもいる。手に持っているのは漆器の類。笑顔で、ヒョイ、と差し出して、値段を言う。女の子のほっぺたには、ミャンマーの伝統的な白粉「タナカ」が塗られている。

伝統工芸の漆器

漆器はパガンの伝統工芸だ。ミミズクの置き物や器、皿など、種類豊富。よく見るとミミズクの置き物はオスとメスで一組になっている。

漆工房を訪ねた。木や竹の上に黒い漆を何度も塗り、その上に線画を施し、朱色などの漆を塗り込み、研ぎ出していく。いろいろな色の漆を何層にも塗り込み、その上を彫って模様を付けていくものもある。作業はすべて手作業だ。

馬の毛を編んでつくる器もある。「軽くて丈夫」とのことで、手にとってみると重さを感じさせないほど軽かった。

市場のにぎわいはパガンも一緒。「タナカ」も売っている。10㎝ほどの長さの木の棒を石に擦《す》り付けて粉にして、顔に塗るわけだ。

2013年の5月、安倍晋三首相がミャンマーを訪れ、12月には日本とミャンマー2国間の投資協定が締結された。日本の企業が今、アジアでもっとも熱い視線を向けている国がミャンマーである。今後、ミャンマーとの経済関係は強化され、ますます重要度が増してくるに違いない。

〝中東の金融センター〟が次に目指す流通と観光の一大拠点

ドバイ（UAE）

石油依存型経済からの脱却

ＵＡＥ（アラブ首長国連邦）を構成する首長国の1つであり、最大の都市であるドバイが、今、世界中の注目を集めている。海を埋め立てた大規模なリゾート開発、世界最高級のホテル、大規模ショッピングセンターや砂漠の中の屋内スキー場。ここに、世界一の高さを誇る高層ビルが２０１０年に完成した。高さ８２８ｍ、１６０階建てのブルジュ・ハリファだ。そのニュースを聞いたときから、一刻も早く上ってみたいと思っていた。

念願かなったのは、翌年の２０１１年9月になってから。2泊5日という強行軍の旅だった。

中東の一角、しかもＵＡＥとくれば、誰でもこの国のことを、石油が出る、だから豊かなのだ、と考えるに違いない。しかし、実際には、ＵＡＥ全体の原油産出量のうち、90％はアブダビで、ドバイは10％程度しかない。そのため、石油依存型経済からの脱却を志向し、80年代の半ばから外国資本による直接投資や、外国人の雇用を自由化するフリーゾーンの設定など、外国企業を積極的に誘致してきた。

今では〝中東の金融センター〟と言われるほどにもなったドバイの繁栄は、原油にのみ依存して潤っているわけではないのである。

住民の多くは、他の中東諸国、インド、パキスタンなどの外国人が占めている。ただし、やみくもに受け入れているわけではない。

「働く場所が確保されていないと、入国できないのです。入国しても、毎年1回、国のチェックがあって、そのときに働く場所がなければ、国内に滞在することはできません。会社側も、1年に1回書類を持って役所に行かないと、自動的に会社が解散したことになってしまいます」

と、現地ガイドが言うとおり、外国人は厳しく管理されている。観光目的以外では、誰でも自由にこの国に入国できる、というわけにはいかないのである。

世界一高いビルディング

世界一高いビルは、大型ショッピングセンター・ドバイモールの一角にある。「砂漠の花をイメージしている」というデザインのビルは、空に向かって突き刺すように、先が徐々に細くなって伸びている。展望台への入場料は400ディルハム（約8500円）。まずは、荷物の厳重なセキュリティーチ

大型ショッピングセンター・ドバイモール。噴水ショーを待つ人々

エック、その後、入念にボディーチェックされる。大きな荷物は持ち込み禁止で、預けることになる。それが済んだところで「記念の写真」を撮られた。

２基のエレベーターに10人ほどずつ乗って、１分弱で一気に１２４階の展望台に着く。この展望台の高さを知りたかったが、案内パンフレットにもどこにも書いていない。世界一なのだから、高さをうたってもいいのにと不思議に思う（帰国後調べてみたら、展望台としては、世界一高いのは「上海ワールドフィナンシャルセンター」の４７４ｍで、ブルジュ・ハリファは４５２ｍだった）。

展望台から見る風景は、全体的にモヤッとしていて、砂漠の中に、道路、そして、ニョキニョキとした感じのビル群。意外に高度感がないと思ったそのとき、ドキリとする。ガラス越しに風景を見て、写真を撮っているのだとばかり思っていたら、なんと、ガラスのないところがあり、そこからカメラを外に出していたこ

2010年に完成したブルジュ・ハリファ（828m）

とに気づいたのだ。落としたら大変なことになる。あわててカメラを引っ込め、ひもを首に下げた。

展望台から降りると写真を売っている。見学者の背景にビルが映っているものだ。先ほど撮られた「記念の写真」の合成写真だった――。

進む観光資源の開発・建設

ドバイの新交通システム、ドバイ・メトロが営業を開始したのは、２００９年９月９日。「９」という数字に意味があるようだ。

空港から、赤い路線1本で街の中心部まで直結し、10分間隔で運行している。20ディルハム分の銀色のノルカードを使って、赤と緑の2路線に乗った。ホームはすべて冷房が効いている。ホームの端に立って、ガラス越しに車両の写真を撮る。「無人運行」とのことだが、どのメトロにも、先頭車両の運転席に人の姿があった。駅舎は牡蠣《かき》の殻《から》をイメージしているという。

旧市街のゴールドスーク、スパイススークを歩き、ドバイ中心部にある入り江・ドバイクリークを伝統的な渡し船・アブラに乗って渡った。これは1ディルハム。

ブルジュ・ハリファ、124階の展望台からの眺め

ドバイ博物館は砦《とりで》跡を改装したもので、遊牧民の暮らしのようすや、水がいかに重要であるかがわかる。中庭には、かつての交易船・ダウが展示されている。

観光客に人気のツアー、砂漠サファリとバーベキューディナーも体験した。砂漠をトヨタの４ＷＤに乗って走り、砂漠に落ちるみごとな夕日を眺め、ラクダにも乗った。ケバブーやタンドリーチキンを食べ、ハイネケンのビールを飲み、最後にベリーダンスを見る。

現在、ドバイでは、観光を軸にした国を挙げての政策のもとで、観光資源の開発・建設に力を注いでいる。その核となるのが空港だ。世界各国からの航空会社がこの国の空港に乗り入れているだけでなく、エミレーツ航空は、世界のすべての大陸を結んでいる。

中東の金融センターとしての地位を確かなものにしてきたこの国の今後の進む方向、それは、流通と観光の一大拠点としての地位を確立することにある。

経済危機の中で観光の果たす役割と可能性

キプロス

初めての地、キプロスへ

ギリシャ神話の美と愛の女神・アフロディテ生誕の地・キプロス。地中海の東端に位置するこの島国を、２０１３年の10月下旬、初めて訪れた。キプロス国内を旅して、この国の観光事情を実際に見ることが今回の旅の主な目的。キプロス政府観光局、レフカラ村、エティハド航空等の協力を得ての取材の旅である。

成田発のエティハド航空機に乗り、アブダビ経由でラルナカ空港に着くと、そこからガイド兼運転手役のアレクシアさんとの２人旅が始まった。まずは、世界遺産に登録されているヒロキティアの新石器時代の集落跡を見学してから、レフカラ村へ向かった。

「10年ほど前にできた高速道路です」

と、アレクシアさんが言う自動車専用道路は、日本と同様、車は左側走行。日中の気温は25℃。道路標識もわかりやすく、快適な車の旅だ。レフカラ村が見えてきたところでストップし、展望を楽しむ。教会の塔が見えて、白い壁、オレンジ色の瓦屋根の家々が見える。

旧市街に入り、「アダモス」という名のレストランで、キプロス産のワインを飲みながらキプロスでの最初のランチ。レストランの壁には、額入りのレースが何点も飾ってある。

この村でつくられるレース、レフカラレースはレオナルド・ダ・ヴィンチがミラノ大聖堂の祭壇布に使うためにこの村を訪れ買い求めた、という歴史のあるもので、２００９年、ユネスコの無形文化遺産に登録された。

昼食後、13世紀のイコンのある、レオナルド・ダ・ヴィンチゆかりのスタヴロス教会を訪れ、その後、レフカラレースを製作している店で話を聞き、旧市街の石畳の道を歩いた。

首都で知る歴史と文化

キプロス最初の宿は首都ニコシアのヒルトンパークホテル。翌日、朝食後、9時にロビーで薬草研究家デメトリウ博士と会い、キプロスのハーブの特性について話を聞いた。

ニコシア市内観光で楽しいのは、16世紀に建設された11角形の城壁に囲まれた旧市街ライキトニアの路地歩きだ。狭い石畳の道の両側にずらっと並ぶ、みやげ物屋、カフェ、レストラン……。バックギャモンに水パイプも、この街の風景の一部になっている。

百貨店ウールワースの11階の有料展望台からは、街のようすがよく見える。

城壁の東の端にあるファマグスタ門は旧市街へ通じる門の中で最大のもの。城壁の外、西の端にあるパフォス門の南にキプロス考古学博物館がある。小さな女性像、大理石のアフロディテ像、銅から銀、金へと変わっていくコイン、生活のいろいろな場面を表したものなど、ここに並ぶ新石器時代からビザンチン時代までの展示品を見ていくと、キプロスの歴史や文化を知ることができる。

レースやモザイクなどを伝統的な方法で製作しているキプロスハンドクラフトセンターを訪れ、売店でキプロスに関する書籍を4冊購入した。

発展するトロードス地方

男だけしか入れないカフェをカフェニーオという。そんなカフェに、トロードス地方へ向かう途中の村で入った。トロードスは、この国の最高峰標高1951mのオリンポス山を頂とする山岳地帯。ここにキプロス最大の修道院・キッコー修道院がある。イコン、そして、宝物館は必見だ。なお、「トロードス地方の壁画教会群」として10か所の教会群が世界遺産に登録されている。

トロードスは近年、緑豊かな森林リゾートとして注目度を高めている。ここでの宿はカロパナイオティス村の傾斜地に建つ古民家を改築した宿泊施設・カザーレパナイオティス。2009年11月に4室で開業すると、4年後には28室に増えた。食材はこの村でとれたもの。図書室や会議室も備え、大

キプロス最大の修道院、キッコー修道院（トロードス）

規模なスパも建築中だった。谷の対岸に、世界文化遺産の教会が見えるのも魅力の1つだ。

観光客に人気のオモドスの路地歩きを楽しんでから、トロードス山系の南西の斜面の村に点在する家族経営の小規模なワイナリーの1つ、ザンバルタスワイナリーを訪ね、醸造家マルコスさんの話を聞き、夫人のマリーさんに注いでいただいたワインを飲んだ。

アフロディテ生誕の地へ

パフォスへ向かう途中、アフロディテ生誕の地、ペトラ・トゥ・ロミウ海岸がよく見える見晴らし台に出た。右から大きな岩、中ぐらいの岩、そして小さな岩。何度も写真で見たこの風景に、感動。海岸に下り、岩のそばに立った後、アフロディテ神殿跡に行き、隣接する博物館で、高さ1mほど

見晴らし台から眺めるアフロディテ生誕海岸（ペトラ・トゥ・ロミウ）

ビザンチン時代のパナギア・クリソポリティッサ教会（パフォス）

の黒いアフロディテの石を見た。

島の西部にあるパフォスは、かつてキプロスの首都だったところ。ローマ時代の館跡の床に描かれたモザイク、大規模な王族の地下墳墓、パフォス城、ビザンチン時代の教会など歴史的な文化財も多く、街全体が世界遺産に登録されている。しかも気候は穏やかで、ビーチリゾートとしても人気のパフォスでの宿は、５つ星のアルミラホテル。今回の旅では、３つの違ったパターンのホテルに宿泊したが、それぞれに、満足するものだった。

歴史、文化、気候、そしてそこに暮らす人々の温かさ。実際にキプロスを訪れて感じたことは、キプロス観光の魅力は予想以上に大きなものであり、さらには、経済危機など暗いニュースが伝わってくるこの国にとっての、観光が果たす役割と可能性の大きさだった。

古代文明の印と人々の生活が共存するオリンピック発祥の地

アテネ（ギリシャ）

充実の公共交通機関

２０２０年の夏、東京で2度目のオリンピックが開催される。１８９４年、フランスの教育家・クーベルタンらの主唱によりＩＯＣ（国際オリンピック委員会）が設立され、オリンピックの第1回大会が96年に開催されることになり、その開催地として選ばれたのが、古代オリンピックの行われた、ギリシャの首都・アテネだった。オリンピックはその後、４年ごとに世界の各地で開催されることになり、１９６４年に東京で開かれ、２０２０年に再び東京で開催される。

そんなオリンピック発祥の地を訪れ、街歩きを楽しんだ。

アテネ市内の公共交通機関には現在、地下鉄、バス、トロリーバス、タクシー、それにトラム（路面電車）がある。このトラムは２００４年のアテネオリンピックのときに目玉として登場したもの。

街歩きで便利なのは地下鉄だ。３路線ある地下鉄は日本人の観光客にとっても、市内を移動するのに

アクロポリスの丘に建つパルテノン神殿

わかりやすく、乗るのも簡単。行き先表示にある終点の駅名をつねに確認しながら、自動券売機で切符を購入し、まずはガチャンと刻印機を通す。ホームに出るまでに刻印を忘れないでおきたい。うっかり刻印しないまま乗って車内検札で見つかると、その場で罰金だ。

アテネ市街中心部の地下は、古代遺跡の宝庫となっている。そのため、やたらと地下を掘って地下鉄を通すわけにはいかないのだという。04年のオリンピックのときも、「特別に街の中心部に新たな競技施設などを建設することもなく、ホテルの建設ラッシュということもありませんでした」と、現地のガイドから聞いた。

古代遺跡群を堪能する

駅名表示やバス停、それに街の通りの名前はギリシャ語と英語で書かれている。

地下鉄2号線のアクロポリ駅から歩いて、パルテノン神殿

アクロポリスの丘より、眼下にディオニソス劇場を望む

の建つアクロポリスの丘に上った。途中にあるのが、ローマ様式のイロド・アティクス音楽堂だ。

丘の上から南東方向を見ると、すぐ下にディオニソス劇場があり、その先にゼウス神殿、さらに先に、森に囲まれた大理石のスタジアムが眺められる。ここが、04年のオリンピックでマラソンのゴール会場となったパナティナイコスタジアム。1896年に開催された第1回近代オリンピックのメイン会場だったところでもある。

パルテノン神殿の正面に立ち、精巧な美をじっくり見た後、同じ丘の上の北側に建つ、6人の少女像の柱廊《ちゅうろう》が並ぶエレクティオン神殿を見た。

アクロポリスの丘の東、すぐ下に密集した街並みが広がっている。ここが、アテネの旧市街・プラカ地区。市街地の先に見える丘が、リカヴィトスの丘である。ここには、昼も夜も歩いて上った。この丘からは、ア

アテネで一番にぎわうモナスティラキ広場

クロポリスの丘の全景を眺めることができるのだ。春にはアーモンドの花が咲き、夜になると、アクロポリスの丘に建つパルテノン神殿がライトに照らされる。

アテネの中心地・シンタグマ広場の東側に国会議事堂が建っていて、その前に無名戦士の墓の碑がある。この碑の前で民族衣装を着た衛兵の交代が行われる。ここは人気の観光スポットで、記念写真を撮る観光客も多い。

シンタグマ広場からエルムー通りを西へ歩いていくと、アテイナス通りと交差するところにあるモナスティラキ広場に出る。この界隈《かいわい》がプラカ地区の北の端に当たり、アテネでもっともにぎやかなところである。

モナスティラキ広場から西に延びる路地では、週末、蚤《のみ》の市が開かれ、多くの人でにぎわう。そこで、人のよさそうな笑顔の露店のおじさんからギリシャのローカルパンであるクルーリーを買って、食べながら歩く。

古代、時間や風向を計った「風の神の塔」を見た後、都市生活の中核で政治・経済・文化の中心地ともなった、アクロポリスの丘の北側に広がる、古代アゴラ遺跡の中を歩いた。ギリシャ国内でももっとも原型を残していると言われるヘファイストス神殿をぐるりと回り、復元されて「古代アゴラ博物館」となっているアタロスの柱廊に並んだ彫刻類を見て歩いた。

ギリシャならではの飲み物

ギリシャでは、誰でも気楽に入れる庶民的な食堂のことをタベルナという。夜はタベルナで、まずはギリシャの代表的なビール・ミソスを飲み、その後、土地の酒・ウゾを飲んだ。ウゾはワインをつくった後に残ったブドウの搾《しぼ》りかすを発酵させて蒸留してつくった酒で、アルコール度数が40度を超える。それを水で割って飲む。無色透明なウゾに水を加えると、パーっと白濁する。

食後にコーヒーを注文したら、粉がドロリとしたままカップの底に溜まった、濃いコーヒーが出てくる。ギリシャコーヒーだ。これを、かき回さずに上澄みだけを飲む。ちなみに、日本で飲むような普通のコーヒーが飲みたいときは、「ネスカフェ」と言って注文する。

アテイナス通りを北へ歩いていくと、東側に中央市場がある。魚、肉、野菜などが豊富に並び、市場の中は、店先に並ぶ品数も人も多く、大にぎわいで大変な活気があった。

〝ギリシャ危機〟が盛んに報道されてきた国。そんな中、現地の人々はたくましく暮らしている。

日本の3分の1ほどの面積に、約1100万人が暮らすギリシャ。この国の経済にとって、観光の果たす役割は大きい。

童話の世界をさまよう感覚で路地歩き

アルベロベッロ（イタリア）

イタリアの〝踵〟に当たる街

イタリアは、国の形が長靴に似ていることから、その位置を示すのに、しばしば長靴の部分の呼び名で例えられる。かわいらしい円すい形のとんがり屋根を持つ家・トゥルッリのあることで知られるアルベロベッロは、イタリアの南東部、ちょうど長靴の踵《かかと》の辺りに位置する人口1万人ほどの街である。

庭先に植えられたアーモンドの木に花が咲いている――。そんな初春の頃、白い石灰岩を積み上げた石垣が続く道を、アルベロベッロへ向かって進んでいった。

旧市街に隣接するホテルにチェックイン。夕食まで数時間ある。一刻も早くこのおとぎ話に出てくるような家のある街を歩きたい。そう思って、街の中心からホテルまでのルートが黄色のマーカーで記されている地図を持って、女性ガイドのJさんを案内役に、歩き始めた。

旧市街の家はすべて、円すい形の屋根のあるトゥルッリ

分かれ道となるところに来ると、地図を開いて、位置を確認する。そんなふうに、トゥルッリのある旧市街の路地を歩く。

別荘としてのニーズもあるトゥルッリ

建物の白い壁に、スレートを積み上げた円すい形の屋根が乗っている。

「屋根の上が白いのは新しい建物で、黒いのは古い建物です」

と、Jさん。さらに、「今、アメリカ人やイギリス人が買いに来て、高くなってしまいました。この家は、30万ユーロ（約4100万円）ぐらいです。なかには40万ユーロの家もあります」

観光で訪れるだけでなく、別荘として買い求めるというのだ。

また、「白い壁は、1年に1回塗ります」とのこと。

トゥルッリのある路地を歩く

この景観を維持するために、手間をかけているのである。壁だけではなく家全体がすべて真っ白、というトゥルッリもある。スレートの屋根に、シンボル化した魚や鳥などの絵や、ギリシャ文字が描かれているものもある。

よく見ると、屋根の上の飾りも、さまざまな形がある。家の形が同じようなので、こういったところで、ちょっとおしゃれに、それぞれ個性を発揮しているかのようである。真っ白い煙突。その上に風見《かざみ》鶏《どり》が乗っている。これが、日没時、何ともいい感じで、心惹かれる被写体となる。

トゥルッリのある路地は、一軒一軒の建物も絵になるが、道と家が複合的に組み合わさって、ちょっと不思議な、それでいて何とも魅力的な空間を形づくっている。

迷路のような路地を歩いていて、急に展望のいいところに出ると、その驚きと開放感に、ハッとする。

歩きながら、ときに振り返ると、これが、また何とも言えない、違う世界に迷い込んでしまったような風景をかも

幻想的なトゥルッリの夜景を歩く

し出してくれる。

たぐいない夜の風景

ここには、実際に人々の暮らしがある。この街で暮らす人と、行き交い、目が合うと、ニッコリ。帰ってくるのは、親しみを持ったやさしい笑顔だ。

昼間歩いたのと同じ路地を、夜、1人で歩いた。夜は昼より、さらに魅力的なのである。路地の角や、交差するところなどに点在する街灯は、蛍光灯ではなく、昔懐かしい裸電球だ。そこに立っているのは木の電信柱である。その街灯の光が、白い壁を照らす。

スレートの黒い屋根は、光を吸収し、白い壁が鮮やかに映し出される。屋根の上が白いところは、よりはっきりと見える。

「もうここまで。これが最後」と思って、カメラのシャッターを切る。しかし、ほんの数メートル歩いただけで、

トゥルッツリの家の中

また写真が撮りたくなって、いったん折りたたんだ三脚を広げることになる。

この光景は、フィルムカメラで撮りたい。そう思って、デジタルカメラのほかに、ポジフィルムの入った、4半世紀以上、世界中を旅してきたニコンのF3も持ってきた。

トゥルッリのある、夜の路地。まるで、童話の世界の中をさまよっているような、そんな感じを覚えながら、歩き回った。

夜空を見上げると、星が鮮やかだ。北斗七星もすぐわかる。北極星を確認してから、カシオペア座、オリオン座と、たどっていく。

昼間は、何組かの年配の日本人の団体観光客の姿を見かけた。夜は誰1人、トゥルッリのある路地を歩いている人を見かけなかった。ここまで来て、夜の、この落ち着いてしっとりとした光景を見ないなんて、と思う。ナポリに泊まって、日帰りでトゥルッリ見学。これが定番コースだが、それではもったいない。街に泊まって、夜の街歩きも楽しむ。これが、お勧めだ。

トゥルッリの家の中に入って、驚いた。扉を開けると、そこが部屋だ。壁は厚く、内部は、外から見る印象よりかなり広い。1つの部屋の上に1つの屋根がある。屋上にも上ってみた。並べられた壺《つぼ》や、屋根に描かれた絵文字なども、間近に見た。

世界中から年間100万人を超える観光客が訪れるアルベロベッロ。1996年、「アルベロベッロのトゥルッリ」として世界文化遺産に登録された。日本でももっと注目されていい観光の街である。

歴史ある魅力的な街を歩いて巡る

ローマ（イタリア）

『ローマの休日』そのままの観光名所

1980年の夏に初めてローマを訪れて以来、この歴史ある魅力的な街を何度も歩いてきた。ローマという街を観光目的で楽しもうとするなら、歩いて回るのがベストだと思う。2012年の3月はじめ、ローマに3泊し、このときも市内を歩き回った。

映画『ローマの休日』（1953年）に、ローマ市内の主な観光名所が登場する。この映画を初めて観たとき、オードリー・ヘプバーンの魅力もさることながら、ローマという街そのものにも魅せられて、「行ってみたい」と、強く思った。

ローマの観光名所といってすぐに思い浮かぶのは、トレヴィの泉にコロッセオ（円形闘技場）、そして、スペイン階段である。ほかに映画の中で描かれているのは、グレゴリー・ペックとオードリー・ヘプバーンが出会ったフォロ・ロマーノ（遺跡）、2人がベスパ（スクーター）に乗って走ったヴェネツィア

トレヴィの泉

広場、ダンスパーティーの最中に飛び込んだサンタンジェロ城そばのテヴェレ川、それに「真実の口」など。これらすべてが、今でもローマでそのまま実際に目にすることができるのだ。

絢爛たる歴史に彩られた街

今回の宿は、テルミニ駅の南東約１km半のところにあるホテル。地図を見ると、コロッセオまでは西へ２kmほどだ。

まずは、コロッセオまで歩いた。マンゾーニ通りがラビカーナ通りへと名前が変わり、その先にコロッセオ。コロッセオ広場の石畳のデコボコ道を歩き、サン・グレゴーリオ通りの起点に建つローマ最大の凱旋《がいせん》門、コンスタンティヌス帝の凱旋門の前に立った。

ここからフォーリ・インペリアーリ通りを歩く。左手の塀に、ローマ帝国の領土が時代ごとに描かれた４

コンスタンティヌス帝の凱旋門とコロッセオ

枚の地図が刻まれている。

通りの右手にはトラヤヌス帝のフォロの跡。2世紀はじめに建てられた半円形のトラヤヌスのマーケット跡があり、その先に高さ40mのトラヤヌス帝の記念柱が建っている。

市庁舎の裏に立つと、すぐ正面にセヴェルスの凱旋門、そして、フォロ・ロマーノの全景を眺めることができる。以前はここから降りていくと、そのままフォロ・ロマーノに入ることができたが、今そこにあるのは出口のみ。柵で囲まれ、有料になったのだ。

フォロ・ロマーノの全景を展望した後、市庁舎の正面へ向かう。市庁舎前のカンピドリオ広場のモザイク文様は、ミケランジェロがデザインしたものだ。

階段を上って、ヴィットリオ・エマヌエーレ2世記念堂のテラスに出る。ここからの展望も、ローマ観光に欠かせない。ローマは、「7つの丘がある」と言われる坂の街。見晴らしのいい場所がいろいろとある。このテラスから、先ほど歩いたフォーリ・インペリアーリ通り、その先のコロッセオなどの展望を楽しむ。

この後、ヴィットリオ・エマヌエーレ2世記念堂の正面に出て、ヴェネツィア広場からローマの北の入り口・ポポロ門へとまっすぐ通じるコルソ通りを北へ進んだ。途中、観光名所を表す茶色い案内標識を目印に、路地に入って、トレヴィの泉、ヴィットリオ・エマヌエーレ2世やラファエロの墓所があるパンテオン（神殿）も訪ねた。

ローマの街歩きで苦労するのがトイレだ。急を要するときはカフェに入る。カウンターで立ったままコーヒーを飲み（0・8ユーロ〔約88円〕）、ついでにトイレを済ませる。

ナヴォーナ広場にはたくさんの似顔絵描きがいる。料金は50ユーロ（約5500円）。30分ほど椅子《いす》に腰かけて、モデルになった。

その後、テヴェレ川を渡ってサンタンジェロ城からサンピエトロ大聖堂（バチカン市国）へ。若きミケランジェロが制作したピエタ像を見て、聖堂内でゆっくりとしたときを過ごし、6時半に退出した後は、日没の風景を楽しんだ。

翌日は、テルミニ、共和国広場、スペイン広場、スペイン階段、ゲーテの家、ポポロ広場と歩いて、A線・フラミニオ駅からB線・チルコ・マッシモ駅まで地下鉄で移動（1ユーロ）。映画『ベン・ハー』

テヴェレ川と、サンタンジェロ城

に登場する、古代ローマのレース場チルコ・マッシモを右手に見ながら、「真実の口」まで歩いた。

ローマを楽しむために守るべきこと

ホテルのすぐ前で、地図を広げて「英語話しますか？　コロッセオへ行く駅がわからなくて……。旅行者で……」と、気弱そうに声をかけてくる男がいた。そのうち2人組の男がやってきて、口々に「ポリス」と言いながら、ポリスと書かれた札入れのようなものを見せる。最初の男に「だいじょうぶか」と声をかけ、「パスポート」ときた。その男がパスポートを出すと、こちらにも「パスポートを出せ」。当然、答えは「持っていない」。

実は、「偽警官が多い。旅行者を巧みにだましま す」と、以前から何度も注意されていたのだ。私服の警官が「パスポートを出せ」なんて言うことはないのである。最初の男と後から来た2人組はぐるだ。残念ながら、日本人のパスポートは〝需要〟があり、ねらわれている。渡したら最後、そのまま戻ってこない。

フランス、スペインに次いで、イタリアは外国人旅行者受入数がヨーロッパ第3位。その首都ローマは、何とも魅力的な街だ。だが、楽しんで旅するためには、「スリ・置き引き」以外にも、注意すべき、守るべきことがある。

日本人にも人気が高まる旧・ユーゴの世界自然遺産

プリトヴィッツェ湖群国立公園（クロアチア）

ヨーロッパで高い人気を誇る自然保護区

自然地理学や水文学《すいもんがく》を研究対象としていた学生時代の1970年代、ぼくは中生代白亜紀《はくあき》の石灰岩地帯に分布するカルスト地形や鍾乳洞など、自然が形成した旧・ユーゴスラビアの魅力的な地形を、現地で実際に見てみたいと強く思っていた。だが、当時はこの国を観光目的で自由に旅行するのは簡単ではなかった。最高指導者だったチトー大統領の死、旧・ソ連崩壊による東西冷戦終結、そして民族問題から、旧・ユーゴスラビアは現在、7つの国に分裂することになってしまった。一方で、入国はかなり楽になり、自由に観光旅行をすることができるようになった。2001年2月、そして13年9月、スロベニア共和国のポストイナ鍾乳洞、それに、クロアチア共和国の世界自然遺産・プリトヴィッツェ湖群国立公園を訪れた。そのうち、今回はプリトヴィッツェ湖群国立公園を紹介しよう。

この国立公園は、クロアチア共和国のほぼ中央に位置するコロナ川の上流部、プリトヴィッツェ川の流域にあって、ガイドブックには「大小16の湖と92の滝がある」と書いてある。旧・ユーゴスラビア時代の１９４９年に、この国最初の国立公園に指定され、79年、ユネスコの世界自然遺産に登録された。総面積は約２９５㎢。クロアチアにある８つの国立公園の中では最大のもので、ヨーロッパでも人気の高い自然保護区となっている。

石灰岩地帯を流れるプリトヴィッツェ川の水は炭酸カルシウム濃度が高く、河床の傾斜が急なところで石灰華《せっかいか》をつくり、川をせき止めたために、長いときを経て川の途中にいくつもの湖が形成された。

初めてこの地を訪れた01年のときは、湖岸の雪道の一部を歩き、凍った滝のいくつかを船から眺めただけだったが、13年に再訪したときは、湖をつなぐようにできた小さな滝の数々、エメラルド色に輝く湖、群れるマスの姿、そして、周辺の緑。これらのすばらしい自然の風景を眺め、間近で体感しながら歩くことができた。

日本に似た既視感のある風景

公園への入り口は、公園の中ほど（２番）と、最下流部（１番）の２か所。公園内では歩くことが基本だが、遊覧船やバスも運行しており、どれもエコロジー仕様で、エネルギーは電気である。電動遊覧船に乗って、湖上から眺める風景、これも必見である。また、公園内のこのバスと遊覧船の料金は入場料に含まれていて、特別に払うことはない。

自然の中の湖畔の道を歩く

２番入り口から公園内に入り、案内板でモデルコースを確認してから、コズィヤク湖畔まで木道を歩き、P１地点の船着き場から遊覧船に乗って、対岸のP２地点に渡った。静かに湖面を進むこの２分間の遊覧船からの眺めに、「期待どおり」「来てよかった」と、心から感動。P２地点からは、グラディンスコ湖を左に見ながら、北へ歩いていく、上湖群散策である。

澄んだ小川、マス、鳥のさえずり、そして、連続する小さな滝。水と緑のこの自然の中を歩いていると、日本でも似たような風景のところを歩いたことがあるような気がしてきたが、ヨーロッパの人々にとっては、かなり新鮮に感じられるようだ。

公園の西側に広がる上流側の湖、上湖群の中でもっとも有名な滝、グラディンスコ湖の北の端にある、ベールのように水が流れ落ちる、ヴェリキ・プルシュタヴツィまで40分ほど歩き、ここから引き返すことにした。

同じ道を歩いてＰ２地点まで戻り、遊覧船に乗って、森に囲まれた静かな湖、コズィヤク湖を西から東へゆっくりと進む。１００人乗りの船が静かに動き出すと、すぐ左に滝が現れる。湖に映る山の風景は、どこか東山魁夷《かいい》の世界に似ている。遊覧船が1艘《そう》、後ろに続いている。正面から2艘、続けてやってきた。その後も何艘もすれ違う。Ｐ３地点まで、16分間の静かな電動遊覧船での船旅は、快適な癒《いや》しの旅である。

シュプリャラ洞窟

おおぜいの日本人が来訪

Ｐ３地点には、カフェやみやげ物屋があり、広場には木製のテーブルが並んでいる。ここで、トイレ休憩をしてから、下流側、下湖群の湖に沿って、1時間ちょっと、歩いて下っていく。

石灰華によってせき止められてできた小さな階段状の滝、公園に寄付をしたオペラ歌手の名前が付いたミルカ・トルニナ滝、湖面の上にできた木道を渡った崖の途中にあるシュプリャラ洞窟などを見ていき、ガヴァノヴァツ湖とカル

公園内最大の滝、ヴェリキ・スラップ

ジェロヴァッツ湖の間の遊歩道を歩いて渡った。その先にあるのが、公園内最大の滝、ヴェリキ・スラップだ。落差78mのこの滝をバックに、できるだけいい場所で記念写真を撮ろうとする観光客の行列ができていた。ここが最後の見どころで、ここからは、1番入り口まで、崖に沿った上り坂の道を歩いていく。時計を見ると16時35分。

公園内の地図が描かれた入場券には、日付とともに、13:31と、入場時間も刻印されていた。下湖群の遠景写真が載っている入場券の表側には、「ようこそ」と日本語でも書いてある。ヨーロッパの人々だけではなく、日本人観光客にとっても、人気の場所となっているのだ。世界自然遺産・プリトヴィッツェ湖群国立公園は、観光立国クロアチアにとって、貴重な自然資産としての価値がますます高くなっている。

価値が高まる中央ヨーロッパの国際都市

ウィーン（オーストリア）

寅さんが結んだ友好

寅《とら》さん映画の第41作『男はつらいよ　寅次郎心の旅路』は、ウィーンで撮影された。「ウィーン」へ誘われ、「湯布院《ゆふいん》」（大分県）と勘違いして「遠いな〜」と思った寅さんが、もっともっと遠い、オーストリアの首都にまで行くことになってしまったのだ。

映画の中で、1人になってモーツァルト像の横前方に並んだ椅子に腰を下ろす寅さん。隣にオーストリア人の年配の女性がいたので、いつものようにごく自然に、日本語で話しかけた。が、返ってくることばはドイツ語だ。通じない。でも、寅さんが手渡したせんべいを食べながら、なぜか2人はお互いの心が通じ合ってしまうのだ。

この映画の舞台となった場所で、同じ椅子に腰かけ、日本から持参した、寅さんと同じ店で買ったせんべいを、ぼくが案内役を務める夏の〝秋山ツアー〟で参加者の皆さんと一緒に食べたことがある。

そのとき、「こんなこと初めてです」と言って、一番受けたのは、現地ガイドの女性だった。一緒に食べた後で、余った3枚のせんべいを差し上げると、「しばらくの間、このせんべい、ネタに使わせていただきます」と、うれしそうに言った。

ウィーン市も、東京都と同じ23区から成っている。その第21区フロリズドルフ区と葛飾区とは友好都市関係にある。その提携のきっかけは、『男はつらいよ』だった。

カフェ文化の本場にないメニュー

ウィーンの郊外に、地ワインを飲ませる居酒屋・ホイリゲのある村として有名なグリンツィングがある。ウィーンに着いたその夜、早速ホイリゲに行き、白ワインを飲み、ボリュームたっぷりのソーセージを食べ、歌って、踊った。ホイリゲでの夜の宴《うたげ》はいつもおおいに盛り上がる。だが、これで終わりではない。いったんホテルに戻った後、そのままの勢いで旧市街に出かけ、街を歩き、ケルントナー通りのオープンカフェでビールを飲む。ウィーンのカフェは、昼も夜も大にぎわい。それがこの街の観光の魅力でもある。

ただし、カフェ文化の発達したこの街で、注文しても飲めないものがある。それはウィンナー・コーヒー。「ウィンナー・コーヒー」というものは、ウィーンにはないのである。

翌日、団体ツアーなら定番のベルヴェデーレ宮殿、シェーンブルン宮殿、シュテファン大聖堂、市

シュテファン大聖堂

立公園のヨハン・シュトラウス像、王宮庭園のモーツァルト像など、市内観光を楽しむ。

王宮庭園にあるモーツァルト像の前に、ト音記号の花壇がある。この花壇、夏は花で彩られ華やかだが、冬は土が露出したまま。モーツァルト像の立っている台座の前面に、オペラ『ドン・ジョバンニ』の一場面が描かれている。以前、1人旅の途中、シェーンブルン宮殿の中庭につくられた仮設の舞台で演じられるオペラ『ドン・ジョバンニ』を観たことがあるが、これも夏だけのもの。

以前、12月に訪れたときは、華やかに飾られたショーウィンドーが印象的だった。日が落ちて暗くなると、クリスマスのイル

王宮庭園にあるモーツァルト像の前にト音記号の花壇

ミネーションに飾られた〝音楽の都〟が、より魅力的になる。広場のマーケットも楽しい。ほろ酔い気分で街を歩くことの、何と気持ちのよかったことか。

夏と冬とでは、街の光景はまるで違った姿を見せる。それぞれが魅力的で楽しい。

〝ホンモノ〟のメリーゴーラウンド

旧市街を取り囲んでいた昔の城壁の跡、1周約4㎞のリングを路面電車に乗って回り、美術史美術館でブリューゲルの絵を鑑賞する。

ウィーンに行くまでは、「ウィーン」といって思い浮かんだのは、映画『第三の男』に登場するあの大観覧車だった。1897年につくられたそれは、高さが64・75m。冬に乗ったときには、隅のほうに石油ストーブが置いてあった。

観覧車からは、シュテファン大聖堂の塔が見え、プラーター公園の全貌《ぜんぼう》もわかる。すぐ下にはメリーゴーラウンドの円形の屋根が見えた。観覧車を下りてからメリーゴーラウンドの乗り場に行ってみると、なんとそこで見たのは、回転木馬ではなく、本物の馬だった。円形の小屋の中に、10頭ほどの子馬がいたのだ。

この子馬に乗ることができるのは、子どもだけ。係員が手助けするのは、子どもが乗るときだけ。後は、手綱を引くこともない。子どもが子馬に乗ると、音楽が流れ、その音楽に合わせて、子馬がいっせいに動き出した。どの子馬も、反時計回りにゆっくりと同じ速さで、パカパカと小屋の中を歩いて回る。子どもはすぐに緊張がとれて、子馬の動きに合わせて軽く上下動までするようになる。

２００１年、シュテファン大聖堂を中心とする旧市街が「ウィーン歴史地区」の名で世界文化遺産に登録された。また、現在ウィーンにはＩＡＥＡ（国際原子力機関）やＯＰＥＣ（石油輸出国機構）などの国際機関の本部もある。１９８９年のベルリンの壁崩壊後、中央ヨーロッパにおけるウィーンの持つ相対的な価値は高くなり、このところ人口も増加気味で、街のにぎわいも増してきた。それがまた、ウィーン観光の魅力を高めている。

映画『第三の男』にも登場するウィーンの観覧車

ドイツの首都に見る歴史と変容

ベルリン（ドイツ）

ドイツのシンボル、ブランデンブルク門

ベルリン市内の広大な公園・ティアガルテンを散策し、公園内に建つ戦勝記念塔・ジーゲスゾイレの螺旋《らせん》階段を歩いて上った。この塔の上に立つ金色の天使像が、映画『ベルリン・天使の詩』に登場する。映画の中で中年の天使が羽根を休めるところがここだ。この塔の上からの見晴らしはいい。南東方向に、東西ドイツ統一後再開発されたソニーセンターを覆うテント屋根のある、ポツダム広場界隈もよく見える。

ティアガルテンを東へ歩いていき、公園の外れまで来ると、統一ドイツの象徴・ブランデンブルク門の手前の路上に、石が2列、敷いてあることに気づく。その敷石をたどっていくと、金属板に「BERLINER MAUER 1961—1989」と記されたものがある。ここに、ベルリンの壁があったのだ。

ベルリンの壁は一部残され、観光名所に

ベルリンの壁ができたのは、1961年8月12日から13日の夜。突然のことだった。まず、コンクリート板と有刺鉄線でできた仮設の壁ができ、その後、鉄筋コンクリートの頑丈な壁がつくられた。それ以後、89年に壁が壊されるまで、28年間にわたってベルリンの街を分断することになったのだ。東西境界部分約40㎞にも及んでいたこの壁も、今ではほとんど撤去され、断片的にその一部を残すのみとなっている。

89年11月、壁の上におおぜいの人が乗っている映像がテレビで放映されたことをご記憶だろうか。当時、旧・西ベルリンだったティアガルテンのほうから撮られた写真が、新聞紙上にもたくさん載った。群集が乗った壁の後ろにあった大きな門が、ブランデンブルク門である。

ＥＵの統一通貨ユーロは、紙幣のデザインは同じだが、硬貨は発行される国によってデザインが異なって

ライトアップされた、夜のブランデンブルク門

いる。ドイツで発行されるユーロ硬貨の裏側にはブランデンブルク門が描かれている。この門は、ドイツ国民にとってシンボル的な存在でもあるのだ。

連邦議会議事堂ドームの360度の眺望

ブランデンブルク門の手前に来ると、急に人の数が増えた。何台もの大型観光バスが停まっている。着いたばかりのバスからは、おおぜいの人が降りて、皆同じ方向へ歩いていく。向かった先にあるのは、共和国広場の東の端に建っている、屋上にガラスのドームが乗っている連邦議会議事堂（国会議事堂）である。

この建物の、西の入り口から続く階段の下に、ズラリと長い行列ができている。このガラスのドームに上るためにやってきた人たちだ。この屋上のドームからは、360度、ベルリンのパノラマ風景を楽しむことができる。しかも入場は無料。午前8時から上ることができ、午後10時までに

国会議事堂屋上にできたガラス張りの中央ドームの内部

中に入ってしまえば12時まで、このガラスのドームからベルリンの夜景を楽しめる。夏も、冬も、このドームに上った。寒いベルリンの空の下、1時間以上もじっとがまんして行列に並んだこともある。

4階でエレベーターを降り、いったん建物の外に出てからガラスのドームの中に入り、螺旋階段を上っていく。ガラスのドームを通して見るベルリンの風景、これが見られるから待つのが苦にならない。これもベルリン観光の大きな魅力の1つだ。

観光の魅力、といえば、この近場ではほかにテレビ塔、ジーゲスゾイレ、第二次世界大戦の悲惨さを伝えるために保存されているカイザー・ヴィルヘルム記念教会などがある。

ミュージアムが集積する博物館島

ブランデンブルク門を東に通り抜け、その先に伸びる、ベルリンのシャンゼリゼとも称される並木道・ウンター・デン・リンデンを歩き、フリードリッヒ・シュトラーセ駅まで行くと、構内に、タイ・日本食レストランがあった。店内にはけっこうお客が入っている。店の外に出ている商品見本の写真を見て、「どんなものかな」と思いながら、ただ興味本位で店内へ入り、「巻き寿司の揚げ物」を注文した。食べてみると「なかなかおもしろい味をしている」。意外や意外、かなりいけるのである。ベルリンの街を歩いていると、こんなファストフード感覚の手頃な日本食のレストランを、いろいろなところで見かけるようになった。

ブランドショップや銀行などの並ぶフリードリッヒ通りを歩いていくと、道の中央に、制帽をかぶった軍人の写真パネルが見えてくる。ここが、東西冷戦時代に「ベルリンの壁」があったとき、東と西との唯一の出入り口の検問所「チェックポイント・チャーリー」のあったところだ。今はここも、観光名所の1つになっている。そばに博物館やみやげ物屋もあり、売店では、ベルリンの壁の位置が記された地図も売っている。

ベルリンには、19世紀半ば、大英博物館やルーヴル美術館に負けじと国家の威信をかけてつくられた博物館や美術館がある。シュプレー川の中州に建ち並ぶペルガモン博物館など5つである。1999年、「ベルリンのムゼウムスインゼル（博物館島）」として、世界文化遺産に登録された。このような芸術・文化施設が充実していることが、ベルリン観光の価値をいっそう高めている。

年間を通して人々を魅了する世界一の観光都市

パリ（フランス）

季節を感じさせる街路樹

パリのシャンゼリゼ大通りがもっとも美しいのは、クリスマスの夜だ。街路樹のプラタナス全体に白い豆電球が巻き付けられ、所々、透明な棒を伝わって光がスーッと降りてくる。イルミネーションの鮮やかなシャンゼリゼ大通りを歩いていると、そう思う。

天気のいい日、パリのリュクサンブール公園に行くと、多くの人がベンチや池の周りに置かれた鉄製の椅子に腰かけ、読書や会話、昼寝など、思い思いにときを過ごしている。池を背にして南を向いて立つと、パリ一美しく整ったマロニエの並木が見える。

だからだろうか、パリの街路樹というと、マロニエを連想する人が多いようだ。だが、実は街路樹で一番多いのはマロニエではなく、プラタナスである。その次がマロニエで、三番目に菩提樹《ぼだいじゅ》が続く。どれも落葉広葉樹のため、夏には葉が大きく広がり、秋になると紅葉し、冬になると落葉する。パリ

クリスマスのイルミネーションに彩られたシャンゼリゼ大通り

の街は、街路樹を見ると、季節がわかるのだ。

冬のパリは、街路樹の葉がすべて落ち、枝だけの姿になる。そのため、どこか寂しげな風景にも感じられるが、街中の銅像や建物など、夏には葉で隠されていたものが、この季節にはよく見えるようになる。

セーヌ川の右岸、アルマ橋のたもとに遊覧船バトームーシュの乗り場がある。そこに、ポプラの大木が川に沿って並んでいる。

夜になって、ポプラの枝に、遊覧船から外へ照らし出される強烈なライトが当たる。冬の夜、葉の落ちたその枝が、それはみごとに、鮮やかな黄金《こがね》色に輝く。パリは、いたるところで、季節ごとに変化する風景を見せてくれる。それも、パリ街歩きの楽しみであり、パリ観光の魅力である。

セーヌ川越しにノートルダム寺院を見る

遊覧船で巡る街並み

さて、遊覧船に乗ってみよう。アルマ橋のたもとを出た船は、セーヌ川を上流へと進んでいく。アンバリッド橋、アレクサンドル3世橋、コンコルド橋、ソルフェリーノ橋、ロワイヤル橋、カルーゼル橋、そして、ルーヴル美術館を左に見て、ポン・デ・ザール（芸術橋）の下をくぐると、正面に見えるのは、ノートルダム寺院のあるパリ発祥の地、シテ島だ。

シテ島の最下流部、つまり、島の西端の橋がポンヌフ。ポンヌフとは新しい橋の意味で、この橋がセーヌ川に架かるパリ市内最古の橋。それが〝新橋〟というわけだ。

続いて船は、このシテ島の南側を東に向かって進んでいく。左手にノートルダム寺院、右手にカルチエラタンを眺め、シテ島を過ぎたところで向きを変え、サンルイ島との間を通り抜け、今度は西に向かって、セーヌ川を下っていく。

アルマ橋を過ぎて、エッフェル塔とシャイヨー宮とを結ぶイエナ橋、そして、2階建ての橋で上をゴムタイヤの地下鉄6号線が走るビルアケム橋をくぐり、「白鳥の遊歩道」と名付けられた中州に沿って進む。

グルネル橋を過ぎたところで、自由の女神像を眺めながらゆっくりと方向変換。このとき、自由の女神像のバックに、エッフェル塔が見える。この自由の女神像は、フランスから贈られたニューヨークにある自由の女神像のお礼として、当時パリに住んでいたアメリカ人たちがパリに贈ったもの。

夕焼けが見られそうなとき、日没30分前に出る船に乗るのがお勧めだ。パリの夕暮れの風景を眺めながらセーヌ川を東へ進み、シテ島の先で西へ向きを変える頃に日没。その後、船は夕焼けに向かって進んでいくことになる。

エッフェル塔を歩いて上る

エッフェル塔は、フランス革命100周年を記念して1889年にパリで万国博覧会が開催されたときに建設された。当初、建設から10年後の1909年に解体されることになっていたが、時代は変わる。軍事用の無線電波を送信する電波塔として新たに利用されることになり、存続するに至ったのだ。

今では、エッフェル塔は、観光都市パリには欠かせないシンボル的な存在となっている。このエッフェル塔を含むセーヌ川の周辺は、1991年、世界文化遺産に登録された。

エッフェル塔の存在感は大きく、パリの街歩きの最中、エッフェル塔が見えると、うきうきした気分になることもある。

遠くから眺めるのもいいが、塔に上って展望台から見るパリの街の風景、これがすばらしい。

パリに出かけて時間に余裕があるときは、その都度《つど》エッフェル塔に上って、展望台からの風景を楽しんできた。それも、高さ57mの第一展望台、115mの第二展望台までは、鉄骨の間の階段を歩いて上るのだ。自然の風を肌で感じ、ちょっとしたスリルを味わい、少しずつ変わっていく風景を楽しみながら――。

パリのシンボル　エッフェル塔

ブランド品やフランス料理以外にも、こんなパリの楽しみ方があるのだ。美術館巡り、カフェ巡りもいい。海外からの入込客数は約7700万人という世界一の観光大国フランス。その首都〝花の都〟パリには、年間を通して、観光客を魅了するさまざまな舞台が用意されている。

公共交通機関で巡るロンドンの街歩き

ロンドン（イギリス）

ロンドン名物、2階建てバス

ウェストミンスター寺院で行われた結婚式の後、バッキンガム宮殿のバルコニーに立つウイリアム王子の姿が、日本のテレビでも同時放映された。映画『英国王のスピーチ』では、終盤の場面で、バッキンガム宮殿の内側から、バルコニーに立つ国王の後ろ姿の先に民衆の姿が映し出されていたのが印象的だった。

名探偵シャーロック・ホームズが活躍したイギリスの首都ロンドンは、『マイ・フェア・レディ』『ノッティングヒルの恋人』、そして大ヒットした『ハリー・ポッター』など、さまざまな映画の舞台としても登場し、これらの場所はいずれも人気の観光スポットになっている。

「ロンドンの名物は?」との問いに、「2階建てバス」と答える人が多い。この場合の2階建てバスは、最後部に扉がなくて、停車すると、自由に乗り降りができる、旧型のバスのことだ。今でも、ロ

ロンドンバス　９番と 15 番に旧型バスが走っている

ンドンの街角にあるみやげ物屋には、この2階建てバスの絵はがきが何種類も並んでいる。

しかし、今ロンドン市内でこのバスが走っているのは、９番と15番の２ルートの一部だけ。というのも、このバスは２００５年にＥＵ加盟国間の騒音や排ガス規制により、環境に優しい新型バスに切り替えられ、いったんはロンドンから姿を消す運命にあった。だが、旧型バスは、ロンドン市民にとってだけでなく、観光客にとってもロンドンのシンボルのようなもので、絶大な人気があったことから、９番と15番のルートの一部で走り続けることになったのだ。

現在、９番のバスがアルドウィッチからロイヤル・アルバート・ホールまで、15番のバスがトラファルガースクエアからタワーヒルまで、午前9時半から午後6時半まで、15分おきに運行している。

テムズ川と国会議事堂

利用しやすい地下鉄とバス

ロンドン塔のあるタワーヒルから15番のバスに乗って、2階席の最前列に腰かけてロンドン街ウォッチングを楽しむ。これ、ロンドン市内観光のお勧めコースの1つである。

その際に便利なのが、地下鉄とバスのフリー切符、トラベルカードである。平日は午前9時半から、休日は1日中、乗り放題。ロンドン市内観光の主なところは、ゾーン1・2の切符でカバーでき、2回乗れば元がとれる。

トラベルカードを最寄りの駅で購入し、駅に置いてある地下鉄マップを持ち、地下鉄に乗って、まずはタワーヒルで下車。外に出て、ローマンウォールをバックに記念撮影。そこからロンドン塔を眺めながら、ロンドンの歴史について思いを巡らせる。その後、テムズ川に沿って、散策。タワーブリッジのある風景をじっくり見て、そのまま橋の下を通り抜け、日時計のところまで歩く。

この後、地下鉄に乗って、ウェストミンスターまで移動。

ウェストミンスター寺院

改札口を出たら地下通路を通って、テムズ川のほとりに出て階段を下りる。ここでビッグベンと馬車像をバックに記念写真を撮って、風景を楽しみながらウェストミンスター橋をゆっくり歩いて右岸へ渡る。上流側の橋のたもとに立ち、テムズ川を行く船、対岸に建つ国会議事堂を見る。ここからの眺めも、お勧めのフォトスポットである。売店で絵はがきをまとめ買い。15枚、1ポンド。ここが、ぼくの経験では、ロンドンで一番安い。

開演までは絵を見て過ごす

ウェストミンスター橋を歩いて戻り、チャーチルやクロムウェルの像を見て、ウェストミンスター寺院の前に出る。セントジェームズ公園に沿って、バッキンガム宮殿まで歩く。

ロンドンアイに乗って、ロンドンの街を見る

11時半までに着けば、衛兵交代を見ることもできる。その後、トラファルガースクエアまで歩き、ハーマジェスティーズ劇場へ向かう。

「今日の夜、安い席で空いているのは？」

「20ポンドの席はない。25ポンドの席ならあるが……」

以前は劇場の窓口でそんなやり取りをしながら、当日券の安い切符を手に入れた。しかし、ここ数年は一番いい席で観賞。観るのは、ミュージカル『オペラ座の怪人』。その日の切符を手に入れたことで、一安心。ピカデリーサーカス周辺のなじみのパブに行き、「パイントラガー プリーズ！」。歩いた後、昼間飲むビールの味は格別だ。

劇場へは夜7時に行けばいい。それまでナショナルギャラリーで絵を鑑賞しながら、時間の調節。最後はいつも、34室でコンスタブルの絵を観た後、ターナーの絵を前に、長椅子に腰かけて、30分ほど過ごす。ここ二十数年、〝秋山ツアー〟では、こんな感じでロンドンの街歩きを楽しんできた。

夜景を見ながらのロンドン散策も楽しい。街全体の風景を楽しみたいときは、大観覧車ロンドンアイに乗るのがいい。

西洋絵画の宝庫ナショナルギャラリー、それに大英博物館も、入場は無料。観光客にとってもありがたい。公園散策もいい。公共交通機関も利用しやすい。観光客であることを意識させない、そんなことも、ロンドンという街の魅力だ。

観光立国を推進するピレネー山脈山あいの小さな国

アンドラ

郵便ポストに見えるフランスとスペインの影

フランスとスペインとに挟まれたピレネー山脈の東部に、面積468㎢の小国・アンドラ公国がある。国土の大部分は岩山の山岳地帯で、標高1000mを超すそのわずかな山あいの谷間に、8万人ほどが暮らしている。

スペインのバルセロナからおよそ200㎞、バスに乗って3時間ほど。国境を越えると、道路の両側には免税ショッピングセンターや免税ガソリンスタンドが並ぶ。首都・アンドララベリャに着き、街の中心部にあるホテルにチェックイン。さっそく街歩きに出かける。

メインストリートを歩いて市庁舎のそばにくると、形の違う2つのポストが隣り合って並んで立っていた。一方は小さな箱型。もう一方は円筒形の大型のもの。形は違うが、色はともに黄色だ。

「なぜだろう」。そう思って、ポストを観察していると、男が1人やってきた。そして持っていた封

2つのポスト

筒の何通かを小さな箱型のポストに、残りをもう一方の円筒形のポストに入れた。

どんな意味があるのだろう。その疑問に、アンドラ在住のHさんが答えてくれた。

「小さな箱型のポストに投函《とうかん》された郵便物はフランスのパリ経由で、円筒形のポストに投函されたほうはスペインのバルセロナ経由で、世界中に運ばれるのです」

そう言われてみれば、なるほど、箱形の黄色いポストはフランスの、円筒形のほうはスペインのポストそのものである。

「では、アンドラ国内宛ての郵便物はどちらに入れればいいのですか」と、Hさんに尋ねると「どちらでもいいのです。アンドラ国内は無料なので、切手を貼らないまま出していいのです」とのことだった。

サルダーナを踊るブロンズ像

カタルニアの象徴、サルダーナ

市の中心に位置する市民広場は文字どおり市民の憩いの場所で、平日の午前中は幼稚園の園児たちが先生と一緒にやってきて、元気に動き回っている。昼過ぎにはひなたぼっこを楽しむ市民の姿が多く見られる。

市民広場から旧市街の路地に入っていくと、路地の奥の小さな広場に、輪になって手をつないでサルダーナを踊る人々の石像があった。

路地のさらに奥の突き当たりの建物の正面に、青・黄・赤の3色旗、アンドラの国旗がはためいていた。この建物が国会議事堂である。

国会議事堂の正面から左手（南側）に回ると、そこにも建物を背にしてサルダーナを踊る若い男女一組のブロンズ像が建っている。その像の横に立つと、谷間に広がるアンドラの街並みがよく見える。

サルダーナは、スペイン東部・カタルニア地方に古くから伝わる民族ダンスだ。フランコ独裁時代（1939〜75年）のスペインで、フランコに抵抗し、その弾圧から逃れて、ピレネー山脈のこの山あいの地にやってきたカタルニア人たちの多くがそのまま住み着き、サルダーナも受け継がれている。民族団結の象徴でもあるのだ。

以前、バルセロナで、日曜日の昼にカテドラルの前の広場で輪になって踊る人たちを見た。街の有志で構成されたコプラと呼ばれる楽団がラッパや笛を吹いて演奏を始めると、その音楽につられて、人々は広場に飛び出し、踊り出す。手をつないだ人々の輪が次々につくられていく。

アンドラの広場にサルダーナを踊る人の輪ができるのは、土曜日の夕方と日曜日の正午だ。

隣国との強い結び付き

アンドラが国家として独立したのは1993年のことで、同年、国連に加盟した。それまでは、フランスの国家元首（大統領）とスペインのウルヘル司教を元首として、フランスとスペイン両国に共同統治されていたのだ。

独立国となった今でも、引き続きその両者が共同元首となっているが、その地位は象徴的なものに変わった。主権はアンドラ市民に属し、外交権もアンドラ政府が行使することになった。議会は一院制で、定数28、任期は4年。郵便制度もそのまま引き継がれている。

現在、この国にはカタルニア出身の人がもっとも多く暮らし、カタルニア語が公用語になっている。

にぎわう夜のアンドラの街

しかし、レジャー客や買い物客はフランス人が多く、経済的にはフランスとのつながりが強い。

冬期にはスキーやスノーボード、夏期には登山やトレッキングなど、レジャー産業が盛んだ。温泉もある。免税店でのショッピングも大変な人気を集めている。昼間、思い思いに楽しんだ人たちが、夜、街に出る。こんなにも人がいたのかと驚くほど、人が後から後からわき出てくる。アンドララベリャの夜は、観光客で大にぎわいだ。

そう、この国のもっとも重要な産業は「観光」なのだ。サービス産業とタバコ産業がそれに続く。

これといった資源もない小さな国。免税政策も含め、国策によって国の基幹産業として、観光業を育てているのである。

街と人のホスピタリティが世界中から観光客を集める

マドリード（スペイン）

人優先に改修したプエルタ・デル・ソル広場

スペインの首都マドリード、その中心は、プエルタ・デル・ソル広場である。この広場は、マドリードの、いや、スペイン全土の起点であり、日本で言うならば、お江戸日本橋といったところだ。ここからアルカラ通り、サン・ヘロニモ通り、マヨール通り、アレナル通り、カルメン通りなどスペイン各地へ、何本もの道路が伸びている。

２０１０年の春、プエルタ・デル・ソル広場を訪ねた。

「２００９年の末まで、ずっと工事中だったんですよ。アトーチャ、ソル、チャマルタン……、それらを結んで街の中心部を走る新しい地下鉄をつくるために広場をすべて掘り起こして、全面工事をしていたんです」

と、現地ガイドが言うように、やっとこの広場の大改修工事が終わり、その結果、以前と違って広場への車の乗り入れは大幅に制限されることになった。車を締め出し、人のための広場へと変身したことは、ここを訪れる観光客にとってはありがたい。何と言っても、スペインは、フランスに次いで、ヨーロッパで2番目に外国人旅行者受け入れ数の多い国。観光はこの国の重要な産業なのだ。

市場の存在が観光の大きな魅力

さて、マドリード到着の日、まずはプラド美術館で、ゴヤ、ベラスケス、ムリーリョ、エル・グレコなどスペイン絵画の巨匠たちの代表作を鑑賞した後、グラン・ビア大通りを通り抜け、中央にセルバンテス、その下にドン・キホーテとサンチョ・パンサの像の建つスペイン広場を訪れた。翌日、このスペイン広場から歩き始めて、終日、マドリードの街歩きを楽しんだ。

広場の池に映るドン・キホーテの像や林の写真を撮った後、緩やかな上り坂になったグラン・ビア大通りを歩きながら、タウンウォッチングをしていると、通りや広場の名が書かれた標識の中に、カタカナでもその名が書いてあることを発見。

カリャオ広場の観光案内所で、地図や資料を入手し、デパートやブティックなどが並ぶ道を歩いて、プエルタ・デル・ソル広場に出た。

そこから西に延びるマヨール通りを歩いていき、途中のバル（※注）に入り、ここで昼食。立ったままカウンター越しに生ハムのサンドイッチ、それに、赤ワインを注文。ともに、わずか1ユーロ。

バル巡りはマドリードの大きな楽しみの1つだ。赤ワインをもう1杯。

気分がよくなったところで、歩いてマヨール広場へ向かう。ここは、4半世紀以上も前に貧乏旅行をしていた夏の夜、バルのハシゴを繰り返していたところだ。

その頃なじみだった店の前を通って、サン・ミゲル市場に行き、活気のある市場のにぎわいを体感する。もともとヨーロッパの街にはどこにも市場があった。ロンドンやパリでは市場は街の外へ移転したが、マドリードには野菜や肉、魚など食料品を扱うスペースが縮小するなどして若干様変わりしたものの、今でも市場が街中に残っている。これがマドリード観光の大きな魅力となっている。昼も夜も、市民や観光客で大にぎわいだ。ここに来ると、マドリードにやってきたんだ、という実感がよりいっそう強くなる。ヘミングウェイがしばしば訪れたというレストラン「ボティン」も健在だ。この辺りが、マドリードでもっとも古いところ。

そんなマドリードの旧市街を歩いた後、ピカソの「ゲルニカ」を見るために、ソフィア王妃芸術センターまで歩いた。入場料は6ユーロ。ゲルニカの展示室は、3階の206号室。久しぶりにゲルニカに再会する。ここだけは撮影禁止。ほかの展示室の絵は「ノーフラッシュ」なら写真撮影OKなので、ピカソ、ミロの他の作品を何点か写す。

この日は、ここまで。

旅の締めにはやっぱりバル

翌日は雨もようの天気。まずは、「ゴヤのパンテオン」まで歩いていくと、似たような礼拝堂が2つ並んで建っている。

現地で入手したマドリードウォーキングガイドによると、東側のほうが、「ゴヤのパンテオン」ことサン・アントニオ・デ・ラ・フロリダ聖堂。中に入ると、それは、それは、みごとな天井のフレスコ画。天井一面に描かれたこのすばらしい絵のタイトルは、「サン・アントニオの奇跡」。見ていると、落ち着いた、穏やかな気持ちになる。こんなにも、やさしい絵をあのゴヤが描いている。しかも美術館とは違って、入場無料。この絵は撮影禁止だが、絵の写真のあるパンフレットが置いてあって、それも、無料。

この後、ラス・ベンタス闘牛場、コロンブスの像が建つコロン広場、考古学博物館に寄って、アルカラ門へ。この門からアルカラ通りを西へ歩いて、ギリシャ神話の女神がモチーフとなった石像の噴水があるシベーレス広場を通って、再びプエルタ・デル・ソル広場に入る。最初に見えたのが、クマの像。広場の東の端に、マドリードのシンボル、クマにヤマモモの木の像が建っている。

広場の南、時計台のある建物が、マドリード自治州政府事務所で、その建物のすぐ前の歩道に、広場改修後、新しくなった道路元標［km・0］を示す標石がはめ込まれている。

マドリードの街歩きの締めは、やっぱり、バル。その中心的存在が、サン・ミゲル市場のそれであ

アルカラ門からアルカラ通りをのぞく

プエルタ・デル・ソル広場に建つマドリードのシンボル、
クマにヤマモモの木の像

活気あふれるバル

る。ここは、ホスピタリティの感じられる癒《いや》しの空間であり、1人で行っても、違和感なくバルの仲間になれる。だが、人でごった返す夜は、カウンターまでたどり着いて注文することも簡単ではない。注文するときは、情熱的なスペイン人に、いや、他の観光客に負けないくらいに、「ビーノ！」（Ｖｉｎｏ＝ワイン）と積極的に声を出すことがポイントだ。

マドリードを歩くと、あらためて、なぜスペインに世界中から観光客が集まってくるのかがよくわかる。人優先に改修した街の中心部。教科書に名前が出てくるような大作家の芸術作品が〝観光資源〟としてただで見られたり、撮影できたり。そして市民、観光客が渾然《こんぜん》となってにぎわい、仲間になれるバル。街と人に、ホスピタリティがあふれている。

※注　バル（Ｂａｒ）はスペイン特有の飲食店で、主に日中は喫茶店、昼時は食堂、夜は酒場として利用される。客層は年齢性別問わず幅広く、市民や旅行者の憩いの場であり、社交場でもある。

観光を軸に経済振興を目指す

アイスランド

豊かな〝小国〟

アイスランド共和国は、北大西洋上に浮かぶ島国で、面積は10・3万㎢。北海道の1・3倍あまりの国土に、約32万人の人々が暮らしている。

島の北の端は北極圏に達し、この国の首都・レイキャビクの緯度は北緯64度8分。世界の首都の中でもっとも北に位置している。

しかし、これだけ北に位置しているにもかかわらず、暖流（北大西洋海流）の影響もあって、1月の月平均気温は札幌よりも高く、雪が降るのもまれだ。レイキャビク港は一年中凍ることのない不凍港である。ただし、天気はつねに変わりやすい。晴れていても、風が吹いたかと思うと急に雨が降り出し、5～6分過ぎたかと思うと暴風雨になり、突然止《や》む、などということも珍しくない。

初めてアイスランドを訪れたのは1979年の夏のことだった。そのときのこの国の人口は二十数

不凍港・レイキャビク港

万人で、平均寿命は男女ともに世界一だった。タラ漁を中心とする水産業と地熱を利用したアルミニウムの精錬が当時の主な産業で、暮らしはかなり豊かなのだという。

「あの北の島国で、いったいなぜだろう」。そんなことが気になって、寝袋を持参し、ロンドン経由でアイスランドへ、1人、飛んだ。

この国を訪れて、驚いた。氷河、フィヨルド（氷河の浸食による複雑な地形の海岸）、間欠泉、ギャオ（地球の割れ目）。そこには何とも魅力的な自然があり、ホスピタリティあふれる人々が暮らしていたのだ。その後、6月末の白夜の時期や、反対に1年のうちで一番昼間が短い年末の時期など、何度もアイスランドの旅を楽しむことになる。

紳士的で温かいアイスランド人

さて、初めて訪れたときのことだった。現地で広告代理店を経営するG氏の家に招かれた。伝統的アイスランド料理を

吹き上がる間欠泉

ごちそうすると言うのだ。今では民族音楽を聴きながら〝バイキング料理〟を食べることのできるレストランが観光客に人気となっているが、当時は珍しかった。

先祖がバイキングである国の伝統的なアイスランド料理とはいったいいかなるものか。興味津々、招きに応じた。

最初に出てきたのは、角砂糖のような形をしたクリーム色のもの。チーズかと思い、フォークに突き刺して口に入れると「ウッ」となる。強烈な臭いが鼻をついてきた。それが顔に表れたらしく、同席していた親類の男性が、「私たちもふだん、こういうものは食べません。今日のように特別なときだけです。実は私も苦手です」と、助け船を出してくれた。サメ料理だった。

次に、羊の血を固めてつくったソーセージ。今度はG氏が、「口に合わなければ残していいですから」と、気づかって言ってくれた。「遠慮なく好きなものだけ食べてください」。

無理強いしないところが紳士的で、ありがたかった。そのうちに、「どこに泊まっているのだ」「息子の部屋が空いている」という話になり、早速その日の夜から、G氏の家に移動することになった。鍵もわたされ、それから1週間、アイスランド人とともに暮らすという貴重な経験をしたのである。

レイキャビクは究極のエコシティ

ところで、レイキャビクの中心部からやや南の丘の上に、大型の円柱状のタンクがある。ここからパイプを通じて、市内のあちこちへ温泉が供給され、室内の暖房はもちろん、野菜や果物栽培の温室、さらには温水プールにまで使われている。ここでは、毎日の人々の暮らしそのものが、温泉とともに営まれているのだ。

また、タンクの上にはペルトラン（真珠）という名のドーム型の回転レストランがあり、ここからは市内の全景を眺めることができる。夜景を眺めながらの食事、これも観光客に人気だ。

空気がきれいなこともこの国の自慢。その要因の1つがエネルギーだ。地熱、水力発電といった再生可能エネルギーが8割を超えているのだ。

市内には煙突がたった1本。日本で食べるシシャモの多くはアイスランドからやってくるが、その水産加工工場のものである。レイキャビクは、究極のエコシティといっていいだろう。

街の中心部を詳しく眺めるためには、ハットルグリムス教会の塔に上るのがベスト。塔の上から見る、赤、緑、青などのカラフルな色の屋根は、まるでおもちゃの街のようである。市民の憩いの場であるチョルトニン湖のほとりには市庁舎、その右手の黒っぽい建物は国会議事堂。湖を挟んで向かいに見える山はエシャン山だ。

ハットルグリムス教会は、ヨーロッパの他の国で見慣れた教会とは建物の形が違う。火山の島・アイスランドを象徴するような、玄武岩《げんぶがん》の柱状節理をイメージした形をしているのだ。教会の前には、レイフ・エリクソンの像が立つ。民主議会（アルシング）発足1000年を記念して、1930年にアメリカ合衆国から寄贈されたものだ。

温泉につかった後、オーロラを眺めながら、バイキングビールで「スコール（乾杯）！」。初めてアイスランドに行ったときには、禁酒令のためにビールが飲めなかった。今は飲める。サブプライムローン問題に端を発する金融危機の後、観光を軸に経済復活を遂げようとしているのだ。

ハットルグリムス教会の塔の上から見た街並み

地形と自然を学ぶ、雄大な世界自然遺産

カナディアン・ロッキー（カナダ）

アプローチはバスで

カナディアン・ロッキーへ、バンクーバーからバスで約８００㎞、フレーザー川をさかのぼって行ったことがある。リットンという街で、トンプソン川と合流するフレーザー川の水が牛乳を薄めたような色をしているのを見て、「これからこの川の源流、カナディアン・ロッキーへ向かうのだ」と、気分が高ぶっていったのを覚えている。カナディアン・ロッキーの空の玄関・カルガリーへ一気に飛ぶのとは、また違った旅の楽しみがあった。

カナディアン・ロッキー山脈自然公園群は１９８４年に世界自然遺産に登録された。90年に範囲が拡大され、現在はバンフ国立公園のほか、ジャスパー国立公園、ヨーホー国立公園、クートネー国立公園と、ハンバー州立公園など３つの州立公園のすべてが、世界遺産に登録されている。

カナディアン・ロッキーが近づいてきても、道はゆるやかである。日本のように、山に近づくにつ

れて曲がりくねった、急な、狭い道を上っていく、というのとは大違いだ。大陸横断道路の国道1号線も、この辺りは一般の乗用車やキャンピングカーがほとんどで、トラックはめったに見かけなかった。

高みを目指して自然の中へ

キッキング・ホース・リバー・バーリー（峠）を抜けると、ヨーホー国立公園だ。この峠は昔、難所だったところ。キッキング・ホース川の激流によって、特に流れの速い中央部だけがえぐられて、天然の石の橋のようになった地形が、ナチュラル・ブリッジと呼ばれている。

ヨーホー国立公園の中でもっとも有名な湖が、エメラルド湖。氷河の融《と》けた水に含まれる岩石の粉、それが湖へ流れ込む。そのため、湖面はやや濁った濃い緑色をしている。これが、エメラルド。静

キッキング・ホース川がつくり上げた自然の地形　ナチュラル・ブリッジ

ヨーホー国立公園のエメラルド湖　湖面は濃い緑色をしている

かな、森の中の湖である。

カナディアン・ロッキーの基地・バンフ市内をボウ川が流れる。ランドル山は、カスケード山とともにバンフ市内のどこからでも眺めることができる。ボウ滝はバンフの街の中心から、ボウ川を南東方向へ1㎞ほど下ったところにある。川の高低差はそれほどないが、水の流れは速い。マリリン・モンロー主演の映画『帰らざる河』の撮影場所としても知られている。

カナディアン・ロッキーの古い地層のようすを、すぐそばで見ることができる。川があって、木があって、公園には芝生が広がる。そこのテーブルの上には、太陽が照れば、パン、チーズ、果物がずらりと並ぶ。ピクニックの人気エリアだ。

ここで見られるまっすぐ伸びる木は、ロッ

ジ・ポール・パインという。松の一種で、松ぼっくりは相当に硬く、発芽するのは、山火事が発生して温度が高くなったとき、皆、一斉に。それで木の高さがほとんど同じようにそろっているのだ。

西洋の城のような形のキャッスル山をバックに、エルク（アメリカアカシカ）が現れた。首に巻いているのはシグナル発信機だ。

ルイーズ湖の湖畔に立つと、正面に氷河、左右に岩山、後ろにシャトー・レイク・ルイーズ（ホテル）。その7階のレストランでコーヒーを飲みながら、窓越しに風景を眺めるのもお勧めだ。

クロウフット氷河のクロウフットとはカラスの足のこと。以前は氷河が3本あったが、1本は消滅して、現在は2本。クロウフット山の麓《ふもと》に広がる湖がボウ湖。この湖から流れ出た川がボウ川で、バンフへと通じている。

氷河に立つ

ルイーズ湖とジャスパー国立公園を結ぶ通称・アイスフィールド・パークウェイを北へ行くと、ボウ峠がある。この峠がこの道の最高地点で、標高は2068m。ボウ峠を越えると、川の流れは方向を変える。展望台からのペイトー湖の眺めがみごとである。視界も広い。U字谷、傾斜した地層。湖の色は、上のほうから眺めるのと、近づいてそばで見るのとでは微妙に変化する。氷河から吹き下ろしてくる風は、夏でも冷たい。波を見る。風が止むのをじっと待つ。湖のほとりに立って、そんなゆ

褶曲した地層　後ろに見えるのはボウ滝

ったりとした時間を持つ。だが、湖面が静かで、ピラミッドのような形のシェフレン山が映るのを見たのは、4度訪れたうち、1度だけだった。

　バンフ国立公園とジャスパー国立公園との境界に当たるのがサンワプタ峠で、こちらも標高は2000mあまり。谷を流れる川はノース・サスカチュワン川。この峠はちょうど森林限界に当たっているため、山の上から谷に向かって、植物相の変化のようすがよくわかる。ここには地質の説明板もある。大規模な褶曲《しゅうきょく》地形が、まるで模型のようにはっきり見られる。

　コロンビア大氷原から流れ出たア

カナディアン・ロッキー（カナダ）

サバスカ氷河。この氷河の上を雪上車で行き、氷河の上に降りて、カナダ産のウイスキーを、氷河が融けた水で割って飲んだ。ハンギング氷河は、岩にしがみついているかのような形をしている。さまざまな形の氷河を見ながら、自然を学ぶことができる。

スケールが大きな世界自然遺産、カナディアン・ロッキー山脈自然公園群。圧倒されながらも、心身にエネルギーが湧《わ》いてくるのを何度も感じた。ケタ外れのパワースポットなのである。

はるか昔の地球の記憶が刻まれたアメリカ最大の都市

ニューヨーク（アメリカ）

定番を歩き、食べる

ニューヨークはマンハッタン、ブルックリン、ブロンクス、クイーンズ、それにスタテン島の５つの行政区から成っている。

スタテン島を出てマンハッタンへ向かうフェリーからは、正面にビル群が徐々に近づいてきて大きくなっていくようすが見え、左手の方向には自由の女神を望む。

眺めがよくて、しかも「フェリーは橋の代わり。道路の延長といったようなもの」との理由で、乗船料は無料だ。スタテン島とマンハッタンを結ぶこのフェリーは、ニューヨークに行ったら、乗らなきゃ損、というものである。ただ、ワールド・トレード・センターのないマンハッタンのビル群に、若干の違和感を抱いたりもした（言うまでもなく２００１年９月11日「アメリカ同時多発テロ事件」で失われている）。

ブルックリン橋からマンハッタンを眺める

朝、ベーグルを食べ、昼にニューヨークスタイルの和食弁当を食べ、夜はボリュームたっぷりのニューヨークステーキを食べる。昼間と夜の1日に2回、エンパイア・ステート・ビルディングに上り、360度の展望を楽しむ。タイムズスクエア、ブロードウェイ、5番街、ワシントンスクエア、コリアンタウン――。そんな定番のニューヨーク街歩きだが、映画で見たさまざまな場面が思い起こされて楽しい。

40年ほど前に大ヒットした『ある愛の詩《うた》』に登場するセントラルパーク内のアイススケート場でのスケート場面。エンパイア・ステート・ビルディングの屋上で展開される『めぐり逢えたら』のエンディングの場面。『ワーキング・ガール』のはじめのほうに出てくるフェリーからマンハッタンのビル群を眺める場面も忘れられない。1876年と現代のニューヨークが描かれるタイムスリップもののロマンチックコメディ『ニューヨークの恋人』も記憶に新しい。

エンパイア・ステートビルディングの上から見るマンハッタンのビル群

アイスランドより寒い？

2月のニューヨーク。

その年、ニューヨークを訪れる前はアイスランドにいた。「へーえ、あんな寒いところから」「こりゃ、驚いた」といった顔をされたものだが、冬のニューヨークは寒い。その寒いニューヨークよりはるかに北の国からやってきたのだから、そう言われてもいたしかたないが、実際にはそれまでいたアイスランドのほうがニューヨークよりも暖かかったのだ。

ニューヨークの緯度は北緯40度。一方、アイスランドの首都・レイキャビクの緯度は北緯64度。ニューヨークのほうがはるかに南に位置している。だが、レイキャビクの1月の月平均気温はマイナス0・6℃。ニューヨークの0℃とほとんど違いはなく、朝晩の冷え込みはむしろニューヨークのほうが厳しいほどなのである。

朝、気温マイナス8℃。地下からは湯気が上がり、職場へ向かう人はオーバーコートを着込み、吐く息は白い。

そんな冬のニューヨークの街の風景を撮るべくカメラを持つ。その手は冷たい。足も冷えてくる。道は凍っていて、転んだら大変だ。

注意しながら、ゆっくり歩いてセントラルパークに行くと、公園内の木々は葉がすべて落ち、うっすらと雪が積もっていた。

地面は凍って滑りやすい。それでも、公園内をジョギングしている人たちがいる。

プラタナスやニレなどの大きな木々が、公園内のいたるところで、どんよりとした空に向かって高く伸びている。そんな中に、黒い大きな岩の塊《かたまり》が、あっちにもこっちにも見られる。先に触れた『ニューヨークの恋人』では、馬に乗った登場人物がこの岩の塊を飛び越えるシーンがあった。実はこれ、昔この辺りを覆っていた氷河の落とし物なのである。

氷河時代の落とし物

氷河時代、地球は今よりずっと寒くて、氷河が広く地球上を覆っていた。

北アメリカ大陸も例外ではなく、〝五大湖〟をはじめニューヨークのセントラルパークも氷河の下にあった。

ゆっくりとした速度で移動していた氷河は、岩や土砂を運びながら岩肌を磨き、また、石の表面に

セントラルパークの、氷河の落とし物

擦痕《さっこん》と呼ばれる線条痕《せんじょうこん》を残していった。地球が暖かくなり、およそ1万年前に氷河時代が終わると、大地を覆っていた氷は溶け、氷河とともに運ばれてきた岩はそのまま残った。

この氷河の落とし物は、モレーン。日本語では堆石《たいせき》といい、岩の表面に付いたスジは氷河の移動したその痕跡を示している。日が傾いてきた頃、逆光気味に太陽に向かってこの痕跡の写真を撮ると、岩の表面に刻まれた擦痕に太陽の光が反射して、スジがよくわかる。

ニューヨークというアメリカ最大の都市のど真ん中にある、毎年3000万人もの人々が訪れるアメリカでもっとも来訪者の多い公園に、1万年以上も前のこんな地球の自然史を表すものが残っているのだ。

全米屈指の魅力があふれるエメラルドシティ

シアトル（アメリカ）

若者の文化が香る

イチロー選手の活躍ですっかりおなじみになったシアトルは、アメリカ北西部、ワシントン州の港町だ。成田から直行便のフライトでおよそ8時間。この街へのアクセスは便利で、全米各地はもとより、世界中からのアメリカ西海岸への北の玄関口ともなっている。

シアトルと聞いて連想することを日本で尋ねてみると、まずは野球のイチロー選手、次にコーヒーのスターバックスと答える人が多い。この地で生まれたスターバックス、タリーズといった日本でもよく知られたコーヒーチェーン店のほか、街のあちこちにカフェがある。カフェラテも、シアトルが発祥の地。キャピトルヒルのブロードウェイにあるビバーチェというカフェは、出てきたコーヒーの表面に独特の絵が描かれ、目でも楽しめる「カフェラテアート」が自慢の店だ。

キャピトルヒルは、ダウンタウンの中心から北東に位置する、若者に人気の、活気のある地区。そ

いつもにぎわうマーケット

のメインストリートが、ブロードウェイである。若者向けのさまざまな店があり、ショッピングが楽しめるほか、鼻にピアス、奇妙な髪型、刺青《いれずみ》、へそ出しルックなど、この街を行き交う人々をウォッチングするのも、これまた楽しい。

伝説のギタリスト、ジミ・ヘンドリックスの銅像もある。交差点で信号待ちのときにふと足元に目をやると、歩道にワルツ、タンゴ、ルンバなどの、ダンスのステップの足型が埋め込まれていた。音楽の雰囲気が何気なく漂っている。

ウォーターフロントでクルーズを楽しむ

シアトルにやってきた観光客が一度は必ず訪れる観光スポットが、エリオット湾に面する、ウォーターフロントと呼ばれる一帯だ。ここは、観光客や地元の人々でいつもにぎわっている。特にパイク・プレイス・マーケット周辺は、新鮮な海の幸を提供するシーフードレストランやカフェ、ブティック、みやげ物屋などが集まった、活気のある地域だ。スターバックスの1号店、そして、映画『めぐり逢えたら』の中で、主演のトム・ハンクスが食事をしたレストラン「アセニアンイン」もここにある。

エリオット湾のクルーズも人気がある。日没時にエリオット湾をゆっくり進むディナークルーズに乗船したとき、隣のテーブルに熟年のアメリカ人カップルが乗っていた。メインディッシュがテーブルに出てきたところで、「写真を撮っていただけませんか」と話しかけてきた。カメラを受け取り、シャッターを切ろうとしたその瞬間、2人はテーブルを挟んで手と手をつないだ。カメラを返すとき、

人気のクルーズ船から

「サーティーエイト　イヤーズ」と、うれしそうに言った女性の表情が印象に残った。シアトル郊外に暮らすというこの2人は、38周年の結婚記念日を、このディナークルーズで過ごすことにしたわけだ。観光客だけでなく、地元の人も乗船しているのである。そして、こんなフレンドリーな触れ合いがあるのも、シアトルのクルーズ観光のよさなのだ。

ハーバークルーズ、ロッククルーズ、さらに

とりわけ人気の高いテリカム・ビレッジ・クルーズも楽しんだ。埠頭「ピア55＆56」から出航し、州立公園内にあるテリカム・ビレッジに到着すると、二枚貝の入った温かいスープが出迎えてくれた。

テリカム・ビレッジは、シアトルという地名の由来となった酋長《しゅうちょう》シアトルの生誕地である。ここで、先住民族の伝統的なサーモン料理を食べ、伝説に基づいたショーを見学した。観客は年配のアメリカ人が多かったが、先住民族の生活や文化に触れ、アメリカの歴史の一断面を知ることができる、ということで特に人気があるようだ。

ピアからはいくつものクルーズが出発しており、滞在日数などそれぞれの予定に合わせてさまざまなクルーズを楽しむことができる。簡単にクルーズを体験したいという人向けには、エリオット湾を1時間かけて周回するハーバークルーズがお勧めだ。ダウンタウンの高層ビル群を眺めながら、手軽にクルーズ気分を味わうことができる。

展望スポット、スペースニードル

円盤のような形をした高さ184mのタワー、スペースニードルは街のあちこちから眺めることができる。ということは、スペースニードルに上れば街のあちこちが見えるということでもある。日没時の展望台からの眺め。これはクイーン・アン・ヒルからの眺めとともに、シアトルのお勧め夜景スポットだ。

スペースニードル

シアトルは坂が多い分、街に変化がある。ウォーターフロントやスペースニードルをはじめ、ブロードウェイ、マリナーズのセーフコフィールドなど、見どころはほぼ街の中心部に位置する。いずれも徒歩圏内にあり、街歩きが楽しい。そして歩き疲れたら、本場のカフェを楽しむ。海と緑に囲まれ、「エメラルドシティ」とも呼ばれるシアトルは、全米でも住みたい都市の上位に挙げられる、魅力ある街なのだ。

南米2大国にまたがる世界最大の滝

イグアスの滝（アルゼンチン、ブラジル）

はるかなる滝へ

ナイアガラの滝（北アメリカ大陸）、ヴィクトリアの滝（アフリカ大陸）と並んで世界3大瀑布《ばくふ》に数えられるのがイグアスの滝。南アメリカ大陸のアルゼンチンとブラジル、この2つの国にまたがる世界最大の滝だ。

十数年前に、NHKテレビの衛星放送で「体感生中継　これがナイアガラ瀑布だ」という番組が放送され、ゲスト出演したことがある。そのとき、現地の衛星中継車から送られてきたナイアガラ瀑布の迫力あるライブ映像を見ながら、NHKの東京スタジオでナイアガラ瀑布についていろいろな話をした。世界3大瀑布の1つとしてイグアスの滝にも触れた。

実は、そのときにはまだイグアスの滝には行ったことがなかった。先住民族のことばで「巨大な水」を意味するこの世界最大の滝のことが、かねてから気になっていた。いったいどんなものなのか。

滝のそばまで行って、実際に見てみたい。そう強く思っていた。

しかし、イグアスの滝は、日本から見ると地球の反対側だ。アルゼンチンとブラジルの国境地帯にある。遠く、旅行代金も安くない。簡単に行けるような所ではないのだ。その思いがようやくかなったのは、２００９年の年末のことである。

まず、成田からロサンゼルスまで9時間半のフライト。ロサンゼルスで飛行機を乗り換えて、ペルーの首都リマまで8時間半。さらにリマで乗り換えて、アルゼンチンの首都ブエノスアイレスまで4時間15分。そこからさらに、国内線の空港へ移動して国内線に乗って1時間45分、ようやくアルゼンチン側の滝へのゲートウェイとなる街、プエルトイグアスの空港に着いた。日本とロサンゼルスとの時差は17時間、ペルーとは14時間、アルゼンチンとは12時間。〝体内時計〟の調整もそう簡単ではない。

空港の外に出ると、ムッとする湿気と暑さ。午後3時30分現在、温度計の目盛りは42℃を示していた。日本の冬からいっぺんに季節は真夏だ。

空港から、ホテルのあるブラジル側の街、フォス・ド・イグアスへ向かう。途中、イグアスの滝の下流にあるアルゼンチン、ブラジル、パラグアイ3国の国境地点が見られる観光スポットに立ち寄った。

アルゼンチン側から「悪魔の喉笛」を間近に見る

「悪魔の喉笛」を間近に見る

ホテルに1泊して、ここに来るまでの長旅の疲れをとり、翌日、イグアスの滝へ向かった。再び国境を越えてアルゼンチン側へ。国立公園の指定エリア内は一般車の進入が禁止されており、ビジターセンターに着いたら、ここからは軽便鉄道に乗ってイグアスの滝に通じる遊歩道の入り口まで行く。そこから広大な熱帯雨林に囲まれた遊歩道を歩いていく。

水面から煙が舞い上がったように見えるのは、水しぶきである。川の上につくられた遊歩道を歩いて、滝の最深部のすぐそばまで行くと、水しぶきが体に吹きかかって、ずぶ濡れになる。

とうとうやってきた――。感激の瞬間だ。馬《ば》蹄《てい》形をしたイグアスの滝の最深部「悪魔の喉笛《のどぶえ》」がすぐ目の前にあるのだ。

鉄分を多く含んだ赤茶けた大地を流れる川の水は、

ブラジル側から望むイグアスの滝

透明ではなく大地の色。褐色に染まっている。ここから毎秒6万5000tもの水が落下しているのだ。興奮状態で、レンズにかかる水しぶきをふきとりながら、カメラのシャッターを、何度も、何度も切った。

「イグアスの滝の80%はアルゼンチン側にあり、20%がブラジル側にあります。でも、ブラジル側のほうが、よく見えます」

と、現地のガイドが言う。そのとおり、滝のある風景を見る、という点では、ブラジル側からのほうが、展望がいい。

「巨大な水」を体感

もちろんブラジル側からも見た。ブラジル側のビジターセンターからシャトルバスに乗って、ブラジル側の国立公園内にある唯一のホテルの前で下車。

ブラジル側からのイグアスの滝　びしょびしょになって

滝のあるみごとな風景を楽しみながら、川に沿って設けられた遊歩道を歩いた。だんだん滝の奥へ近づいていく。途中の展望台から、対岸の「悪魔の喉笛」が見えた。

遊歩道は、川沿いから川上へと伸び、滝の下のそばまで続いている。水しぶきに当たって体中びっしょりになりながら写真を撮った。「大小275の滝が、幅2700m以上に渡って連なっている」とインフォメーションされていることを体感した。

アルゼンチン側とブラジル側からイグアスの滝を見た後は、ゴムボートに乗って、滝のそばへ。そんなツアーもある。料金は120米ドル。これもお勧めだ。しかし、カメラは水に弱い。防水対策は万全にしておこう。

イグアスの滝は、アルゼンチンとブラジルが国立公園に指定している（アルゼンチン側は1934年、ブラジル側は39年指定)。ユネスコの世界自然遺産にも、両国側が個別に登録されている(アルゼンチン側が84年、ブラジル側が86年)。

国境にまたがる世界最大の「巨大な水」が、いかに規格外の規模であるかを感じさせ、また、アルゼンチン、ブラジル両国が張り合っているようで、おもしろい。

〝行ってみたい〟ランキングトップの世界遺産

マチュピチュ（ペルー）

霧が発生しやすい場所

マチュピチュに行った話をすると、「私も、マチュピチュには行ってみたいです」と何人かに言われた。〝行ってみたい世界遺産〟といったランキングの多くでトップになったり、「週刊世界遺産」（講談社）の第1巻に取り上げられたり、日本人にとってマチュピチュは関心の高い観光地なのである。

地球の反対側に位置していて、遠い。行くためには10日程度の日程は必要で、旅行代金も安くない。でも、行ってみたい。そんな気持ちが募って、ついに2009年の年末、マチュピチュを訪れた。

宿を早朝発ち、バスでオリャンタイタンボ駅まで行き、そこからマチュピチュ遺跡のふもとの駅までペルーレイルの列車に乗った。世界中からやってきた観光客は皆、ふもとの駅から路線バスに乗って、遺跡の入り口まで向かうことになる。

マチュピチュ遺跡の標高は2280m。ウルバンバ川の谷に沿った、曲がりくねった道をバスは上っていく。「わー」「すごい」。深い谷底が真下に見えるたび、乗客の声が上がる。出発してから30分。7時18分に、マチュピチュ遺跡の入り口に到着した。遺跡の中にトイレはないとのことで、済ませてから入る。

ここでは、誰もが、まずは写真で何度も見てきたマチュピチュ遺跡の全景が眺められる場所へと向かい、坂道を上っていく。

だが、遺跡は、簡単には見えない。

マチュピチュは霧が発生しやすい。特に朝は霧が多いのだ。この日も、歩き始めた頃は遺跡全体がすっぽりと霧に覆われていた。しかし霧は動いている。霧の間から少しでも遺跡が見えると、カメラのシャッターを切った。

「遺跡の全景が見たい」「全景の写真を撮りたい」。そう思う気持ちは誰もが一緒だ。じっと霧が晴れるのを待つこと1時間――。結局、全景の写真を撮るのは後ほどにして、遺跡の中を見学することにした。

太陽に近い聖なる遺跡

この〝面積5㎢ほどの都市遺跡〟の東西は断崖《だんがい》絶壁。600mほど下をウルバンバ川が大きく蛇行して流れている。

住居跡の道

遺跡の南東側の急斜面には段々畑がつくられている。遺跡の中央の広場の左側に神殿などの神聖な場所があり、広場の右側が一般の居住区になっている。道も、塀も、建物も、段々畑の境の石垣も、すべて石を積み上げてつくられたものだ。

石組みの門から入り、石垣の中の道をゆっくり10分ほど歩いて、中央部尾根の高台にあるインティワタナへ出た。

インティワタナとは、「太陽をつなぐもの」といった意味を持つ。ここがこの遺跡の居住区の中で一番高い所。ということは、太陽にもっとも近いということで、神聖な場所なのだ。

1・8mほどの高さの石がある。「この石に手をかざすと、エネルギーが与えられます」と現地ガイドが言うこの石は、礼拝石であり、日時計の役割も果たしている。「向こうに見える山と同じように削りました」と言う、高さ2m半ほどの山のような形の岩も礼拝石だ。山とともに、聖なる場所として崇拝されていたのだという。この日は、「向こうに見える山」はあいにくと霧に隠れていて見えなかったが。

コンドルの神殿

礼拝石

コンドルの神殿は、地面に置かれた平らな石の先がコンドルのくちばし、背後に立つ2つの岩を翼に見立てている。インカ帝国では、コンドルは太陽神の使者とされていた。

ついに全貌を現す

2時間ほど遺跡の中を歩いて回った後、遺跡の全景の写真を撮るために、再び急斜面を上る。霧はあいかわらずだったが、途中、リャマ（南米の高地にいる動物）に出会った。

急傾斜地に腰を下ろして待つ。するとほんの10秒ほど、霧が晴れて、マチュピチュのほぼ全景が姿を見せた。あわててカメラのシャッターを切る。とたんに雨が降ってきた。

11時半に遺跡の外のレストランで食事。その後、路線バスに乗って山道を下っていくことになるが、バス停は大混雑だ。列に並ぶが、なかなかバスが来ない。係員の要領もいいとは言えない。がまんできず、いらだつ観光客もいる。割り込む者もいて、どなり合う者もいる。バスに乗るまでの1時間、本降りの雨の中、じ

霧が晴れて現れたマチュピチュの全貌

っと耐えて並んで待った。
マチュピチュ遺跡を「発見」したのは、アメリカ・エール大学の歴史学者ハイラム・ビンガムの一行だ。1911年の7月、ペルーのウルバンバ川の渓谷に沿った高い山の尾根を探検していて、石づくりの都市遺跡マチュピチュに遭遇した。2011年は、そのときから100年目となる。
マチュピチュ遺跡は1983年、文化遺産と自然遺産の両方の要素を持つ「複合遺産」として、世界遺産に登録された。「行ってみたい」は、誰にとっても「行ってよかった」となるか。今後に期待したい。

笑顔あふれる「ブラ」、このおもてなしの心が最大の魅力

フィジー

南太平洋の楽園

ナンディ国際空港からクイーンズロードを南へ約9km先のナンディの街へ向かう。車に乗ると、「ブラ」。ドライバーが真っ先にこう言った。こちらもつられて、「ブラ」。ブラとは「こんにちは」といった意味の、親しみを込めたこの土地で交わされる日常的なあいさつだ。フィジーは南太平洋に浮かぶ大小300以上の島々から成る。その3分の1に人が住み、総人口は約85万人、うち7割がフィジー最大の島であるビチレブ島で生活している。この島にナンディ国際空港や首都スバもある。

正式な国名は、フィジー共和国。全土を通じて年間平均気温約25℃という常夏の気候、それにサンゴ礁に代表される美しく豊かな自然のある南太平洋のこの楽園は、リゾートアイランドとして何度行っても飽きない観光の国だ。

エア・パシフィックの直行便がなくなった今、フィジーへの旅はコンチネンタル航空に乗りグアム

経由で行くのが一般的なルート。かつてイギリスの植民地だったことから、空港で両替したフィジードルのお札には、エリザベス女王の肖像が描かれている。

男にカバをふるまわれる

さて、空港から街へ向かうと、延々とサトウキビ畑が続く。途中、遮断機が下りて、踏切でストップ。そこで収穫したサトウキビを満載した列車が通り過ぎるのを見た。フィジーの経済を支える産業の中でもっとも大きな割合を占めるのは観光産業だが、それに迫る第2番目がサトウキビである。ビチレブ島の西部一帯には、見渡す限りサトウキビ畑が広がっている。

フィジーはキリスト教徒が多いが、街にはイスラム寺院も建ち、インド料理や日本料理、韓国料理、中華料理の店のほかマクドナルドもあり、思いのほか国際色豊かである。

ナンディタウンのメインストリートを散策して、さまざまな店をのぞくのは楽しいが、それ以上にわくわくするのが、土地の人でにぎわっているマーケットである。

店の人と目が合うと、「ブラ」。すぐに声がかかり、笑顔が返ってくる。パパイア4個2ドル、ナス4個1ドル、パイナップル1個1ドル。ヤシの葉っぱでつくったほうきが4ドル、バラの花束は7ドル。さらに見渡せばスイカ、トマト、レタス、ショウガ、トウモロコシ、タロイモなどが並ぶ。

木の根っこのようなものが山積みになっていた。ヤンゴーナというこしょう科の木の根だ。これがカバの元となる。カバはいろいろな儀式で飲まれる、いわばフィジーの国民的な飲み物。乾燥させたヤンゴーナの根を粉末状になるまで突き砕いて、それを水で溶いて絞り出したもの。タノアという木製の大きな円形の器に入ったカバを、ココナッツの殻でつくった小さな器に入れて飲む。

タノアの周りに座ってカバを飲んでいる男たちがいた。1人の男と目が合う。すると、すぐに、カバがたっぷりと入った器を差し出してきた。「遠慮することは非礼に当たる」と言うので、受け取って飲んだ。器を返そうとしたが、まだカバが残っているのでダメ。しかたがないので一気に飲み干す。味はまさに「泥水」を飲んでいるような感じ。ちょっと舌を刺すようにピリッとする。このカバ、フィジーの旅行中、この後も、何度となく飲むことになった……。

島を巡れば楽しさが倍増

周辺の島々へは、サンエアー航空のプロペラ機に乗って行く。上空から眺めるサンゴ礁は実に壮観だった。このサンゴ礁を見るためだけでも、島へ渡る飛行機に乗る価値がある。海岸線に沿って連綿と広がるサンゴ礁。色はブルー。弧を描くもの、島の周りを飾るもの、形はいろいろだ。白い雲、雲の切れ間から見える青い海——。さえわたる自然美に、しばし目を奪われているうちに、島の飛行場に着く。飛行場といっても、そこにあるのは、原っぱにポツンと小屋が1つあるだけだ。

島の宿は、ヤシの林の中に点在する独立したコテージ。部屋の天井は高く、自然の風が吹き抜ける。

島々へ渡る飛行機から望むサンゴ礁は壮観

フィジーの夕焼け

オバラウ島の古都、レブカ

ココナッツが原料の石鹸《せっけん》を使い、フィジー産のビールを飲む。日没の風景を眺めながら飲んだビールの味は忘れられない。

1874年、フィジーがイギリスの植民地になったときの首都だったレブカという街がオバラウ島にある。メインストリートには、西部劇のセットのような建物が並んでいる。フィジーを3度目に旅したとき、この街で、イギリスの文豪、サマセット・モームが泊まったフィジー最古のホテル、ロイヤルホテルに宿泊した。

このような、島々にあるホテルは個性あるたたずまいで、雰囲気がいい。

本島のビチレブ島南西部にあるインターコンチネンタル、シェラトン、シャングリラといった高級リゾートホテルでビーチライフを楽しむのもいいが、これに周辺の島のホテルを組み合わせると新婚旅行客向けにもなる。特にマナ島のリゾートホテルは、日本企業が経営していて、日本人向けのサービスを提供してくれることが特長で、新婚旅行先として日本人に人気だ。

整理しよう。観光客を引き付けるこの国の魅力は、第一にナンディ国際空港のあるこの国最大の島ビチレブ島、第二に島ごとに異なる楽しみを秘めている周辺の島々とサンゴ礁、第三に130年以上も前の姿が今も残る旧古都レブカのあるオバラウ島にある。とはいえ、最大の魅力は、笑顔あふれる「ブラ」に代表される、この国の人々の温かいおもてなしの心だ。

ロシアでの、極め付きのエコツアーを味わう

ナリチェボ渓谷（ロシア）

カムチャツカの最奥へ

夏のほんの数か月間だけ、自然がやさしい顔を見せてくれるカムチャツカ半島・ナリチェボ渓谷。その川の辺に点在する温泉にゆったりとつかり、高山植物が咲き乱れる大自然の原野を歩いた。

＊

カムチャツカ半島の中心都市であるペトロパブロフスク・カムチャツキーは、ウラジオストクからジェット機で3時間の距離にある。ナリチェボ渓谷へ行くには、ペトロパブロフスク・カムチャツキーからさらにヘリコプターに乗って、カムチャツカの原野を自然のままに蛇行して流れる川を眺めながら進んでいく。

ナリチェボ渓谷は、1995年にカムチャツカで初めてロシアの自然保護・レクリエーション地域として、自然公園に指定されたところだ。また、1996年にはユネスコの世界自然遺産に登録され

カムチャツカの大自然の中をヘリコプターに乗って、ナリチェボ渓谷へ向かう……

た。

　ナリチェボ渓谷は富士山によく似た火山・コーリャク山の北方に位置する総面積30万haの自然公園。公園内では、貴重な自然を保護するため、利用に関して特別な規制が定められている。また、公園内におけるさまざまな活動内容についても、カムチャツカ自然公園管理局の許可が必要となっている。

　チャーターしたヘリコプター内に、水や食料、それに調理道具など、ナリチェボでの滞在期間中に必要になるものはすべて積み込み、料理人2人も一緒に乗っていく。「バリバリバリ」と、音が大きく、機内では防音用のヘッドホンを着けるのだが、それでも激しい振動が体に伝わってきた。

　しかし、ヘリコプターの窓からの眺めには興奮した。氷河の作用によって形成された、山頂付近に残る、はっきりと刻み込まれたカール（圏谷《けんこく》）をこんなにもすぐそばで見ることができるなんて……。

思いのほか快適なロッジ生活

ヘリコプターに乗って、25分。原生林と、その間に広がる草原と、自然のままに蛇行して原生林を縫うように流れる茶色の1本の川――ナリチェボ川の支流・ガリヤーチャヤ川が見えてくる。原生林の合間にポツン、ポツンと点在しているロッジが、ここ、ナリチェボでの宿だ。高山植物の咲く草原に、ヘリコプターは着陸した。

世界自然遺産のナリチェボ渓谷に、自動車の姿はない。道はあくまでも人が歩くためのもの。ヘリコプターから荷物を取り出し、各自、自分の荷物を持ち、温泉の流れる小川を渡り、ダケカンバの林に囲まれた、真新しい木造の小屋まで歩いた。

「もっとすごいところを想像して、覚悟してきたのですけれど、これならいいですね」との声。

ナリチェボ渓谷への〝秋山ツアー〟の参加者は、旅をよく理解した人たちばかりだ。どんなことでも楽しんでしまおうという、〝旅のプロ集団〟である。それでもここはカムチャツカ、しかも自然に親しむエコツアーだ。それなりにそれぞれ覚悟をしてきたようだが、蚊を除けば、快適そのものだった。

宿泊用のロッジ、ベッド、食堂、トイレ、それに川沿いにある露天風呂の脇の脱衣所、どれもまだ

渓谷周辺は温泉地帯。右の建物が脱衣所になっている

新しく、木の香りがした。これらの施設は、世界自然遺産に登録されてから、海外の資金援助を受けて環境整備が行われたものなのである。

ロッジの暖房は薪《まき》ストーブ。燃料はダケカンバの倒木。オノを使って薪割りもした。ロッジ自体には風呂もシャワーもない。クマも出没するという平原の中の道を歩いていき、川沿いの露天風呂に入る。この風呂は温泉だ。ナリチェボ川の広大な渓谷は多くの火山群に囲まれており、上流地域には広い範囲にわたって温泉や鉱泉が湧《ゆう》出《しゅつ》している。

水は大型のタンクに詰めた清水、トイレは別棟。夜トイレに行くときは、懐中電灯を持って、ダケカンバの林の中を歩いていくことになる。

世界で唯一の泉質と水質

ここには野生動物保護のための研究施設もある。ちょ

大地に湧き出る温泉

っとした博物館になっていて、1階と2階は見学できる。2階のテラスからすぐ前に見える風景は広大なツンドラの原野、通称「クマのツンドラ」。スイカズラやブルーベリーがあっちにもこっちにも自生しているのがわかる。これらはすべて、クマの大好物なのだ。

2人の子どもを家に残し、この建物の3階に寝泊りして研究を続けていたイリーナさんの案内で、温泉の源泉巡りをしたとき、「ソビエト時代に観光大学が調査をした結果、同じような温泉と水は、世界中で他のどこにもないことが判明したユニークな温泉です」と言った。

ナリチェボ渓谷から戻るときは、持ち込んだものはすべて持ち帰る。これが、ルール。ゴミもすべてビニール袋に詰めて、ヘリコプターに乗せて持ち帰った。こんな観光もある。

世界自然遺産・ナリチェボ渓谷への旅は、究極のエコツアーなのである。

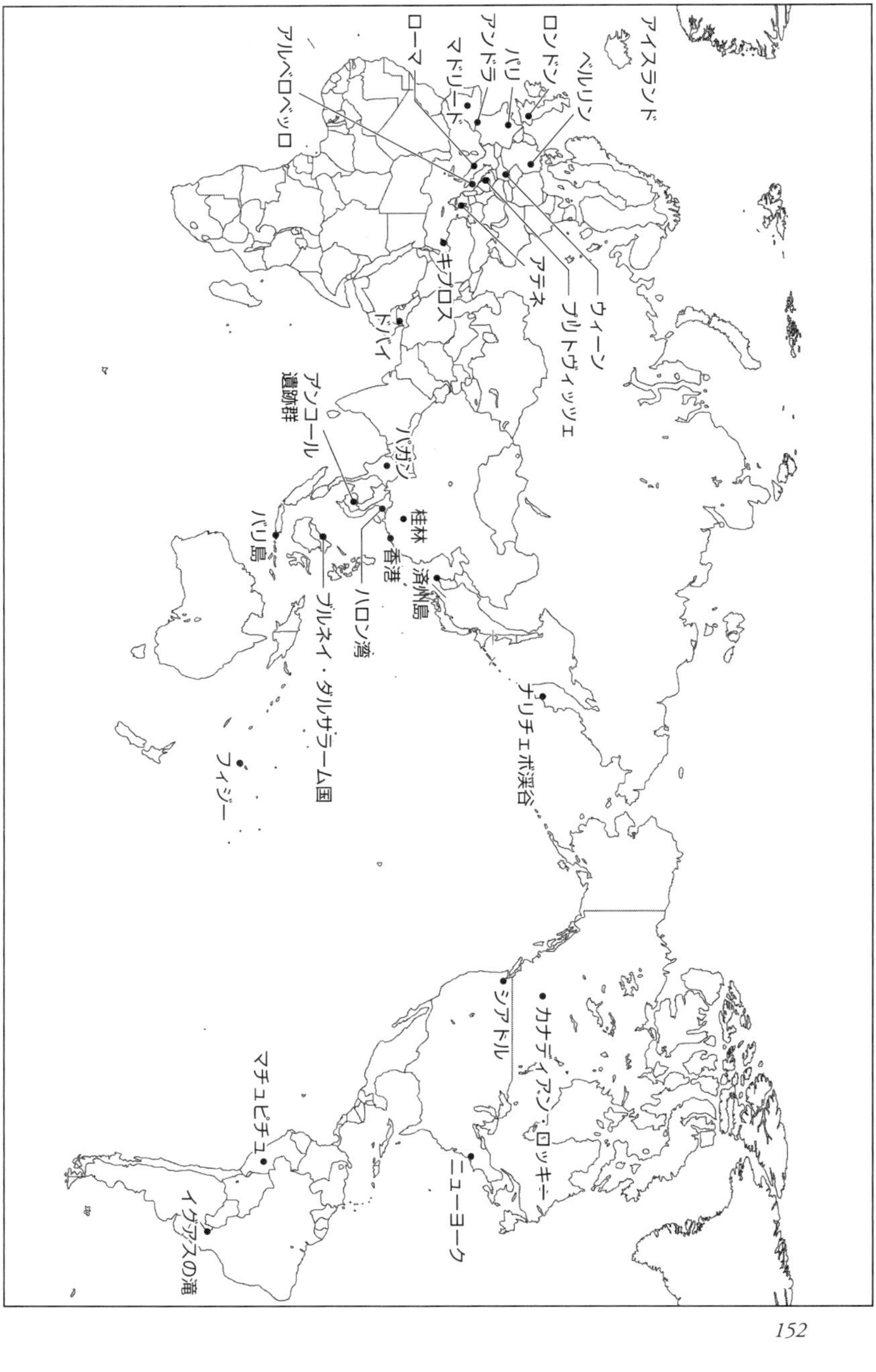
アイスランド
ベルリン
ロンドン
パリ
アンドラ
マドリード
ローマ
アルベロベッロ
ウィーン
プリトヴィッツェ
アテネ
キプロス
ドバイ
アンコール
遺跡群
バガン
桂林
香港
済州島
ハロン湾
ブルネイ・ダルサラーム国
バリ島
ナリチェボ渓谷
フィジー
カナディアン・ロッキー
シアトル
ニューヨーク
マチュピチュ
イグアスの滝

【著者紹介】

Photo：A. Izumi

秋山　秀一（あきやま　しゅういち）

1950年、東京都生まれ。

東京教育大学（現・筑波大学）大学院修了。

旅行作家、東京成徳大学教授、NHK文化センター講師。

日本エッセイスト・クラブ会員、日本旅行作家協会評議員、旅チャンネル番組審議委員員。

これまでに訪れた国と地域は80か所以上。その豊富な海外経験を生かして、2009年4月から3年間、NHKラジオ第1放送つながるラジオ金曜旅倶楽部「旅に出ようよ」に旅のプレゼンターとしてレギュラー出演するなど、さまざまな分野で活躍している。ノースウェスト航空の機内誌に「世界旅レポート」の連載のほか、2011年4月から月刊『マネジメントスクエア』（ちばぎん総合研究所発行）に、「旅の達人が見た　世界観光事情」を執筆。

『秋山秀一の世界旅』（八千代出版）、『ウクライナとモルドバ』（芦書房）、『旅するシネマ』（同文書院）、『フィールドワークのススメ―アジア観光・文化の旅』（学文社）、『大人のまち歩き』（新典社）など、紀行や指南書など旅に関する著書多数。

世界、この魅力ある街・人・自然

二〇一六年三月一日第一版一刷発行

著　者―秋山秀一
発行者―森口恵美子
発行所―八千代出版株式会社
〒一〇一-〇〇六一　東京都千代田区三崎町二-二-一三
TEL　〇三-三二六二-〇四二〇
FAX　〇三-三二三七-〇七二三
振　替　〇〇一九〇-四-一六八〇六〇

印刷所―美研プリンティング
製本所―グリーン

＊定価はカバーに表示してあります。
＊落丁・乱丁本はお取替えいたします。

ISBN978-4-8429-1668-2
©2016 AKIYAMA Shuichi